21世纪职业教育规划教材·公共课系列

商务礼仪

主　编　尹喜艳　阎　伟
副主编　龙梦君　李小军　周新花　周　瑾
参　编　陆婵娣　周　炫　王丹丹

图书在版编目(CIP)数据

商务礼仪/尹喜艳,阎伟主编. —北京:北京大学出版社,2021.11
21世纪职业教育规划教材·公共课系列
ISBN 978-7-301-32641-1

Ⅰ.①商… Ⅱ.①尹…②阎… Ⅲ.①商务–礼仪–高等职业教育–教材 Ⅳ.①F718

中国版本图书馆 CIP 数据核字（2021）第 207559 号

书　　　　名	商务礼仪 SHANGWU LIYI
著作责任者	尹喜艳　阎伟　主编
策 划 编 辑	吴坤娟
责 任 编 辑	吴坤娟
标 准 书 号	ISBN 978-7-301-32641-1
出 版 发 行	北京大学出版社
地　　　　址	北京市海淀区成府路 205 号　100871
网　　　　址	http://www.pup.cn　　新浪微博:@北京大学出版社
电 子 信 箱	zyjy@pup.cn
电　　　　话	邮购部 010-62752015　发行部 010-62750672　编辑部 010-62756923
印 刷 者	北京溢漾印刷有限公司
经 销 者	新华书店
	787 毫米×1092 毫米　16 开本　10.25 印张　283 千字 2021 年 11 月第 1 版　2021 年 11 月第 1 次印刷
定　　　　价	32.00 元

未经许可，不得以任何方式复制或抄袭本书之部分或全部内容。
版权所有，侵权必究
举报电话: 010-62752024　电子信箱: fd@pup.pku.edu.cn
图书如有印装质量问题，请与出版部联系，电话: 010-62756370

前　言

我国素来就有"礼仪之邦"的美誉,讲究礼仪是我国各民族的优秀传统。商务礼仪是商务人员以及其他从事经济活动者在商务活动中需要遵守的礼仪规则。随着经济的飞速发展,商务活动的日益频繁,商务礼仪的重要性也越来越受到人们的重视和关注。

本书在编写过程中,从宏观上把握了近些年教育部对高等职业教育改革和发展的若干指导精神,结合高职教育特点,从礼仪课程的教学实际出发,以商务礼仪各方面能力培养为主线,突出学用结合,强调能力培养,以职场真实的情境为切入点,对商务礼仪课程的内容进行了有效整合和内容精选。本书主要包括：服饰礼仪、形象礼仪、会面礼仪、迎送礼仪、宴请礼仪、仪式礼仪、商务聚会礼仪等七个项目,每个项目下又分若干任务,每个任务包含案例导入、任务目标、相关知识、课堂实训等环节。每个项目下面的任务,都带有匹配的课堂实训环节,可供教师在课堂教学的过程中,有针对性地开展课堂训练,增强商务礼仪课程的实操性及课堂的互动性。

本书通俗易懂,言简意赅,实用性强,图文并茂,既可作为职业院校的商务礼仪教材,也可作为在职人士的培训、自学用书。

本书由尹喜艳筹划、组织及统稿,各项目的编写分工如下：尹喜艳编写绪论、项目一、项目三、项目四；阎伟编写项目二；龙梦君、李小军编写项目五；周新花、周瑾编写项目六；陆婵娣、周炫、王丹丹编写项目七及配套试题。

本书编写过程中参考和借鉴了许多相关书籍,引用了许多实例,在此谨向它们的作者表示衷心的感谢。由于体例原因,未能一一列出,仅在书末列出部分参考文献,敬请见谅。同时,编者水平和实践经验有限,书中难免不妥之处,恳请读者和专家批评指正。

编　者
2021 年 6 月

本教材配有教学课件或其他相关教学资源,如有老师需要,可扫描右边二维码关注北京大学出版社微信公众号"未名创新大学堂"(zyjy-pku)索取。

· 课件申请
· 样书申请
· 教学服务
· 编读往来

目 录

绪论 ······ (1)

项目一 服饰礼仪 ······ (11)
任务一 男士着装礼仪 ······ (12)
任务二 女士着装礼仪 ······ (25)
任务三 饰品礼仪 ······ (29)

项目二 形象礼仪 ······ (37)
任务一 体态礼仪 ······ (38)
任务二 妆容礼仪 ······ (49)

项目三 会面礼仪 ······ (59)
任务一 称谓礼仪 ······ (60)
任务二 介绍礼仪 ······ (66)
任务三 名片礼仪 ······ (71)
任务四 握手礼仪 ······ (76)
任务五 交谈礼仪 ······ (80)

项目四 迎送礼仪 ······ (85)
任务一 拜访礼仪 ······ (86)
任务二 接待礼仪 ······ (88)
任务三 乘车礼仪 ······ (90)
任务四 通信礼仪 ······ (96)
任务五 馈赠礼仪 ······ (100)

项目五 商务宴请礼仪 ······ (105)
任务一 宴请筹备礼仪 ······ (106)
任务二 中餐礼仪 ······ (114)
任务三 西餐礼仪 ······ (119)

项目六 仪式礼仪 ······ (131)
任务一 庆典礼仪 ······ (132)
任务二 商务谈判礼仪 ······ (139)

项目七 商务聚会礼仪 ······ (147)
任务一 会议礼仪 ······ (148)
任务二 舞会礼仪 ······ (152)

参考文献 ······ (156)

绪　　论

案例导入

林晖脱颖而出

有一批应届本科毕业生由导师带领去某大型公司参观、实习。全体学生坐在会议室里等待人事部李部长的到来，这时有秘书送来瓶装矿泉水，学生们表情木然地看着秘书忙活，其中一个学生还问了句："有茶吗？"秘书愣了一下，说："抱歉，暂时没法提供。"有一个学生叫林晖，他想："人家给我们送来水了，我们不能挑三拣四。"于是他轻声说："谢谢，大热天的，辛苦您了。"秘书抬头看了他一眼，满含着惊奇，虽然这是很普通的客气话，却是她今天从所有学生中听到的唯一一句表示感谢的话。

门开了，人事部李部长走进来和大家打招呼，不知怎么回事，静悄悄的，没有一个人回应。林晖左右看了看，犹犹豫豫地鼓了几下掌，其他学生这才稀稀落落地跟着拍手，由于不齐，越发显得零乱起来。李部长挥了挥手："欢迎同学们到这里来参观……我看同学们好像都没有带笔记本，这样吧，秘书，请你去拿一些我们公司印的手册，送给同学们作纪念。"接下来，更尴尬的事情发生了，大家都坐在那里，很随意地用一只手接过李部长双手递过来的手册。李部长来到林晖面前时，已经快要没有耐心了。就在这时，林晖礼貌地站起来，身体微倾，双手握住手册，恭敬地说了一声："谢谢李部长！"李部长眼前一亮，轻声问："你叫什么名字？"林晖如实回答，李部长微笑着点了点头，回到自己的座位上。

两个月后，林晖获得这家公司提供的工作岗位。有几位颇感不满的学生找到导师："林晖的学习成绩最多算是中等，为什么这家公司选他而没选我们呢？"导师看了看这几张稚嫩的脸，笑道："是人家公司点名来要的。其实你们的机会是完全一样的，你们的学习成绩甚至比林晖的还要好，但是除了专业知识之外，你们需要学的东西太多了，礼仪就是第一课。"

任务目标

1. 掌握礼仪的内涵及礼仪的特点。
2. 掌握礼仪的主要原则及学习礼仪的途径。
3. 认识学习礼仪知识的重要性。

相关知识

一、礼仪的内涵

中国是世界四大文明古国之一，自古以来就讲究礼仪，素以"礼仪之邦"著称。礼仪是中华传统文化非常重要的一部分。《荀子·修身》中有"人无礼则不生，事无礼则不成，国家无礼则不宁"，足见礼仪的重要性。当今社会，人们更注重礼仪，礼仪不仅体现出一个人的素养，而且还影响着一个人的发展，在人的一生中起着举足轻重的作用。各行各业的从业者越

来越重视礼仪,商务人员作为服务社会的群体之一,自然同礼仪有着密切的关系。重礼、知礼、行礼,是商务人员必备的重要素质。

我国古代已有《周礼》《仪礼》《礼记》三部著名的礼典,它们可以说是礼仪方面的百科全书,涵盖了我国古代"礼"的基本内容。今天与"礼"相联系的主要词语还有礼貌、礼节、礼仪,这四者的含义有相通的地方,也有互相区别的地方。人们常常将它们混为一谈,所以在学习礼仪之前,我们有必要了解这四者的含义和区别。

（一）礼

关于"礼",有很多字典或词典对其含义做了解释。

"礼",《说文解字》中的解释为:礼,履也,所以事神致福也。

"礼",《现代汉语词典》(第7版)的解释为:① 社会生活中由于风俗习惯而形成的为大家共同遵守的仪式;② 表示尊敬的言语或动作;③ 礼物;④ 以礼相待;⑤ 姓。

从以上的对照中可以得知:"礼"的本意为敬神,起源于祭祀活动,由古代的表示祭祀活动的敬神,引申到今天也用来敬人。我们认为,"礼"是表敬意的仪式、语言、动作、礼仪、礼物等,是表示敬意的通称。

（二）礼貌

"礼貌",《现代汉语词典》(第7版)的解释为:人际交往中言语动作谦虚恭敬、符合一定礼仪的表现。我们认为:礼貌是指人们用动作、语言文字、表情表示对他人的尊重与恭敬的一种行为,它是指一个人在待人接物时内在的良好教养和道德品质的外在表现。它可以反映为礼貌的动作、礼貌的语言、礼貌的表情,等等。例如,主人在接待客人时向客人微笑点头,并问候"您好",这里体现了礼貌的动作——点头,礼貌的表情——微笑,礼貌的语言——您好。

（三）礼节

"礼节",《现代汉语词典》(第7版)的解释为:表示尊敬、祝颂、哀悼之类的各种惯用形式,如鞠躬、握手、献花圈、献哈达、鸣礼炮等。我们认为,礼节指的是待人接物的行为规则,是礼貌的具体表现形式。没有礼节,就谈不上礼貌,礼节也就失去了存在的依托;没有礼节,礼貌的内涵也无法展现出来。有了礼貌,就必然需要相应的具体的礼节来体现。各国、各民族都有自己的礼节,不过各自的礼节有所不同,而且不是一成不变的,它是随着时代的发展而有所变化的。比如见面礼,中国古代多用打躬作揖礼、跪拜礼等,今天中国人的见面礼则多用握手礼等。这是时代不同,礼节也不断地发生变化的体现。在东南亚一些国家,人们见面常常行合十礼;而在欧美一些国家,人们则盛行拥抱礼,这些是礼节多样性的体现。

（四）礼仪

"礼仪"是一个复合词语,由礼节和仪式两部分构成。礼仪是指人们在社会生活中约定俗成的行为规范体系,这种行为规范体系往往会因为交往对象的社会地位、交往环境、交往时间等因素的不同而有所区别。礼仪由一系列具体的表现礼貌的礼节所构成,是一个表示礼貌的系统和完整体系。礼仪的最基本的功能就是规范人类的行为。行为是人类所特有的生存方式,是在理智、情感、意志的支配下产生的活动。生活在社会中的人,其行为活动不可避免地会受到社会的影响,同时也会对社会产生一定的影响。人类的社会行为活动只有遵循一定的规范、准则,社会才不会陷入混乱。如举行签约仪式、招待来访客人、参加商务宴会等都有相应的礼仪规范。礼仪的内涵有以下几点:

（1）礼仪是行为规范的体系。它是一种程序,有一定的套路,表现为一种准则,只有遵守这种规范,才能实现人们之间的有序交往,才能够营造和谐美好的环境。任何人如果想在交际场合表现得落落大方、彬彬有礼,都必须遵守相应的礼仪。

(2)礼仪必须是约定俗成的、大家共同认可的。任何人不能任意地另起"炉灶",搞一套新的礼仪体系。当然,我们必须承认某些个人在礼仪的形成发展过程中确实可以发挥重要的作用,但是不论个人在礼仪的产生与发展过程中发挥的作用有多大,如果得不到其他社会成员的共同认可、共同遵守与维护,那么,这种礼仪也只是形同虚设,没有任何的实际意义,并必然逐渐地走向消亡。

(3)礼仪以表达对他人的尊重与恭敬作为出发点,以构建人与人交往的和谐美好环境为宗旨,礼仪的本质就是尊重人。

(4)礼仪往往会因为对象的不同、环境的不同以及时代的不同而表现出一定的差异。比如,公司主管在向上司汇报工作时和在向下属布置工作时,说话语气和措辞就会有很大的差异。主人在迎接客人到来时,往往会先向客人伸手并与之握手以示欢迎;但当客人提出告辞时,如果主人立即先伸手与客人相握,这时所传递的就有逐客之意了。可见,礼仪作为一种规范和准则,它要根据对象、环境、时间等的不同而有所变化,因人、因事、因时、因地,礼仪会体现出一定的差异性。

在西方,"礼仪"一词最早见于法语 etiquette,原意是一种长方形的纸板,标明了进入法庭所应遵守的规矩、秩序,这种纸板实际上就具有"法庭通行证"的性质和作用。后来,"礼仪"一词进入了英文,这个词义又进一步引申为人与人之间交往的"通行证"。西方各国都非常重视礼仪,他们认为礼仪是一个人通向文明社会和主流文化的通行证,是人们和谐相处和愉快生活的重要保证。

总之,不论是在东方,还是在西方,礼仪都有着悠久的历史,是人类社会的宝贵财富。随着社会的发展,人与人之间的联络越来越方便,也越来越多,人们越来越认识到礼仪的重要性,也越来越认识到学习不同国家、不同民族礼仪的重要性。

二、礼仪的特点

礼仪作为人们在社会生活中约定俗成的行为规范体系,具有十分鲜明的特点,了解礼仪的具体特点有助于我们准确、完整地把握礼仪的内涵。礼仪的主要特点是广泛性、规范性、继承性、差异性。

(一)广泛性

礼仪在人类社会的各种交往活动中广泛存在,并且得到了人们的共同认可。礼仪的广泛性体现在:礼仪在人类发展的历史进程中时时存在,而且礼仪总是伴随着人类社会的发展而不断发展的。无论哪个国家、哪个民族,都有自己相应的礼仪规范。总之,凡是有人类生活的地方,就存在着各种各样的礼仪规范。礼仪的内容渗透到社会的方方面面,从政治、经济、文化领域,到人们的日常生活,礼仪广泛地存在着。

(二)规范性

礼仪就是人们在交际场合所应当遵守的行为规范,这种行为规范因为得到了全社会的共同认可,所以它对于全体社会成员而言自然就具有一定的约束作用。礼仪告诉人们什么可以做、什么不可以做,人们把礼仪作为衡量他人言行的一个标准和尺度。礼仪不但要解决什么可以做、什么不可以做的问题,还要解决应当怎么做、如何做的问题。所以,礼仪作为一种规范、一种准则,就不允许人们在社会活动中各行其是,我行我素,而是必须无条件地加以遵守。例如：人们见面行握手礼，关于谁先伸出手来与他人相握、握多长时间、使用多大的力度等问题，都有一定的规范，人们的做法只有符合这些规范，才称得上符合礼仪的要求，才能被交往对象接受和理解，才能给交往对象以尊重之感；反之，则会被他人视为无礼之举。

（三）继承性

礼仪并不是无源之水、无本之木，不是突然就出现在人类社会之中的。礼仪是一个国家、民族传统文化的重要组成部分，是人类社会在漫长的发展过程中逐步形成的，在形成的过程中也是不断发展、不断变化的。任何国家现当代的礼仪都是在本国古代礼仪的基础上发展起来的，其中有继承，也有扬弃。

（四）差异性

礼仪是人们在社会生活中形成的，不同国家、不同民族在不同的社会生活中就会形成不同的礼仪。我们在介绍礼仪的内涵时，就讲到了礼仪会因为交往对象、交往环境、交往时间的不同而有所不同，其实这也正是礼仪的差异性的体现。礼仪的这种差异性是对内的统一性与对外的差异性相结合的。不同民族礼仪的差异性是以民族内部礼仪的统一性为基础的。中国人讲究男左女右，以左为尊，所以我们在排定主席台的座次时，坚持以主席台就座者朝向为准，以左为尊；而国际上通行的是以右为尊，所以我们在国际交往的各类活动中，就采用以右尊。这既说明了礼仪的差异性，也说明了礼仪需要根据交往对象和交际场合进行相应的调整。

礼仪的差异性还体现为不同的时代礼仪存在着差别。原始社会时期，生产力水平十分低下，人们对许多自然现象无法解释，于是人们就对"天""神"等产生了敬畏之感，并通过一定的仪式祈求上天的保佑。奴隶社会的礼仪被打上了阶级的烙印，礼仪成为奴隶主阶级统治人民的工具。到了封建社会，礼仪仍然被统治阶级当作统治工具，儒家的礼治主张，对中国人的文化心理产生了深厚的影响。中华人民共和国成立后，人与人之间建立了平等互助的和睦关系。时代在变，许多礼仪的具体形式也发生了很大的变化。例如，中国古代人们见面多行打躬作揖礼，今天则多采用握手礼。

三、礼仪的分类

要了解礼仪的分类，我们首先应了解礼仪的构成要素。

（一）礼仪的构成要素

礼仪涉及社会生活中的各个方面，如服饰礼仪、宴请礼仪、接待礼仪、舞会礼仪、电话礼仪、婚庆礼仪等。不论这些具体的礼仪形式有多大差别，我们会发现，它们的构成要素是相同的。礼仪的构成要素有礼仪的主体、礼仪的客体、礼仪的媒体、礼仪的环境。

1. 礼仪的主体

礼仪的主体是指礼仪行为活动的实施者、操作者。礼仪行为的主体可以是单个的人，也可以是一个团体或一个组织。例如，公司秘书为前来访问的客人奉上一杯热茶，那么，这次行为活动的实施者——秘书就是礼仪的主体。又如，中国进出口商品交易会期间，不少宾馆都会在大门入口处摆放欢迎牌并且悬挂欢迎来宾入住的横幅，那么，宾馆就是此次行为活动的实施者，它以团体的形式作为礼仪的主体。礼仪的主体由一个团体或组织来充当时，这个团体可以是临时组建的一个代表团，也可以是在较长时间内存在的固定的团体或组织。

现实生活中有时也会以个人代表他人或以个人代表整个团体或组织的形式来实施礼仪活动。如果礼仪活动的规模比较大、规格比较高则往往会由代表团来代表整个组织实施整个礼仪活动。

当然,有时礼仪的主体是多项的。例如,某餐馆的服务人员对顾客态度友善,服务周到,那么我们可以说这位服务员是礼仪的主体。此外,服务员也代表着餐馆的形象,所以我们也可以理解为整个餐馆也是这次礼仪活动的主体。

2. 礼仪的客体

礼仪的客体是指礼仪行为活动所指向的对象,它是礼仪活动的承受者与接受者。礼仪的客体是相对于礼仪的主体而言的,在礼仪的主体看来,具备真、善、美的东西都可以成为礼仪的客体。礼仪的客体可以是人,也可是物;可以是有形的,也可以是无形的;可以是物质的,也可以是精神的;可以是美好的,也可以是丑恶的。例如,售货员向顾客致以真诚的微笑,那么顾客就是此次礼仪活动的客体。

礼仪的主体和客体是相对的,两者是相互依存的,在一定的条件下,两者是可以转化的。例如,主人向客人微笑问好的同时,客人也会向主人献上礼物并向主人问好,那么前者主人是礼仪的主体,而后者客人就成为礼仪的主体。我们平时常常说"礼尚往来",一往一来,礼仪的主体和礼仪的客体常常在不断地转化。只有"往"没有"来",这样的礼仪是不能持久的,一味地付出或者一味地索取,都是不符合礼仪之道的。

3. 礼仪的媒体

礼仪的媒体是指礼仪活动所依托的一定的方法、手段、介质。礼仪的媒体是千变万化的。在现实生活中,任何礼仪行为和礼仪活动,都不可能凭空进行,它必须依托一定的媒体来实现。礼仪的媒体又具体地可以分为三类:人体礼仪媒体、物体礼仪媒体、事体礼仪媒体。

人体礼仪媒体是指通过人体自身的言语、态势来传达礼仪信息的媒体。例如,迎接客人时,主人热情的笑容;观看演出时,观众热烈的掌声;探望病人时,探望者温暖的安慰语言……这些都是人体礼仪媒体。

物体礼仪媒体是指通过物体的各种状态来传达礼仪信息的媒体。例如,便于联络使用的名片、代表不同寓意的花卉、具有不同含义的礼品等,都是物体礼仪媒体。

事体礼仪媒体是指通过各种有关的事体来传达礼仪信息的媒体。例如,宴请、电话问候、举办舞会等,都是事件礼仪媒体。

在现实的礼仪活动中,礼仪的媒体往往会综合使用,并不限于只使用某一种礼仪的媒体。例如,为了巩固与新老客户的关系,增进相互之间的友谊,某公司举办周年庆典活动,那么举办周年庆典活动就是一个事体礼仪媒体;发放的请柬、送给客户的礼品就是物体礼仪媒体;在庆典活动中公司对新老客户表达的感激性的语言、工作人员穿着得体大方的服饰等就是人体礼仪媒体。

4. 礼仪的环境

礼仪的环境是指礼仪活动得以实施进行的具体的时间、空间。这里的"环境"包括自然环境和社会环境。具体使用哪一种礼仪、如何实施这种有具体要求的礼仪,需要考虑到礼仪的环境。例如女士的服装问题:参加晚宴,女士应当选择晚礼服或者旗袍;参加商务谈判,只有雅致的商务套裙才是女士最佳的选择;参加体育锻炼活动最好是穿上宽松休闲的运动装;睡衣或者居家服就只能在自己的家里穿着,而不能穿着出去买菜或会客等。可见礼仪的环境是影响礼仪的重要因素。在实践中,一定要结合具体的礼仪环境,才能准确地运用礼仪的规则,并获得理想的礼仪效果;如果不考虑环境因素,只是按照个人的喜好,随心所欲,必然会造成尴尬或不好的结果。

（二）礼仪的分类

1. 按礼仪适用的对象和范围划分

政务礼仪是指国家公职人员约定俗成，用来律己敬人，因对象、环境、时间等因素的不同而有所区别的行为规范。它主要适用于政府机关等组织。

商务礼仪是指企业的商务人员在商务活动中约定俗成，用来律己敬人，因对象、环境、时间等因素的不同而有所区别的行为规范。它主要适用于各类企业等组织。

服务礼仪是指服务人员约定俗成，用来律己敬人，因对象、环境、时间等因素的不同而有所区别的行为规范。它主要适用于服务业人士。

教师礼仪是指教师在教育活动中约定俗成，用来律己敬人，因对象、环境、时间等因素的不同而有所区别的行为规范。它主要适用于教师。

涉外礼仪是指涉外工作人员在涉外场合约定俗成，用来律己敬人，因对象、环境、时间等因素的不同而有所区别的行为规范。它主要适用于涉外场合。

社交礼仪是指人们在一般性的交际应酬中所应当遵守的约定俗成、为人们共同认可的行为规范。

以上列举的这些类别中，每个类别还可以继续细分。比如商务礼仪，还可以分为秘书礼仪、销售人员礼仪、职业经理人礼仪等。

2. 按礼仪牵涉的具体内容划分

迎送礼仪是指人们在迎来送往的过程中所应当遵守的约定俗成、共同认可的行为规范。

宴请礼仪是指人们在各种宴请活动中所应当遵守的约定俗成、共同认可的行为规范。

舞会礼仪是指人们在参加各种舞会时所应当遵守的约定俗成、共同认可的行为规范。

四、礼仪的学习途径

我们学习礼仪，不应当只是走走形式，做表面功夫。有些人把礼仪等同于客套，其实这两者有着本质的区别。礼仪的本质在于律己敬人，礼仪的律己敬人是发自内心的真实的道德修养的体现；而客套则是虚情假意的表演，是表里不一的。所以，我们学习礼仪时应注重习惯的养成，礼仪不是装出来的，也是装不出来的。古人强调通过"慎独"的方法来进行自我修身，即使在独自一人的情况下，也不能够放松对自己的要求，而应当努力地使自己的行为符合礼仪的规范。在学习礼仪时，我们需要注意以下两点。

（一）重视礼仪理论的学习，掌握礼仪的主要原则

重视礼仪理论的学习，主要包括两个方面：一是重视与礼仪相关学科知识的学习。礼仪是一门综合性较强的学科，它与民俗学、美学、管理学、心理学、人际关系学、文学等学科都有着一定的联系。"腹有诗书气自华"，礼仪的学习不能仅仅停留在礼仪学的范围内，而应当结合其他有关学科知识的学习，只有这样，才能够全面提高个人素质，更好地掌握礼仪、运用礼仪。二是注重对礼仪规律和原则的理解与掌握。礼仪是一套行为规范系统，不管它有多少个分支，都是有一定的基本规律可循的。礼仪的根本出发点就是为了表达对他人的尊重和友好，在这个根本出发点之上，礼仪的学习者还应当掌握礼仪的主要原则。

1. 相互尊重的原则

礼仪最基本的原则就是律己敬人，即尊重他人与尊重自己。若要他人尊重自己，自己首先就要尊重他人。要做到相互尊重，首先要向对方表示尊重，才能赢得对方的真诚回报。"爱人者，人恒爱之；敬人者，人恒敬之。"在交往的过程中，敬人之心常存，处处尊敬重视他

人,处处维护他人的自尊心,这是构建美好和谐关系的基石,更是为自身赢得尊重的必要条件。

2. 宽容、自律的原则

宽以待人,这是对待他人的态度;严于律己,这是对待自己的要求。宽以待人,就是凡事不要对他人求全责备,跟他人锱铢必较。也许你和他人民族不同、宗教信仰不同、性格不同、意见不同……但不要剥夺他人按照自己的信仰、自己的风俗习惯处世待人的权利,不要把自己的意见、自己的风俗习惯强加给他人,应当尊重他人充分表达自己、表现自己的权利。

我们在宽以待人的同时要严于律己。严于律己强调的是从严要求自己,将礼仪作为一面镜子,通过对照,发现自身在思想品质、行为举止等方面存在的不足,通过不断的自我监督、自我控制,逐渐提高自我约束的能力。

3. 公平、对等的原则

礼仪的公平、对等的原则要求我们与他人交往时,不能因他人的相貌、学历、财富、性格等的不同而采取区别性对待,对任何交往对象都应当一视同仁,给予同等程度的礼遇。平等是人与人交往时建立良好情感的基础,也是保持人与人之间良好人际关系的诀窍。要做到平等,就不要厚此薄彼。

4. 从俗、适度的原则

从俗的原则要求我们做到:入国问禁、入乡随俗、入门问讳。由于国家、民族、文化背景、时代等的不同,礼仪会表现出一定的差异性。到了什么山头就要唱什么歌,而不能处处以自身的礼仪规范作为标准。我们不要目中无人,不要自以为是,在应用礼仪时要具体情况具体分析,因人、因事、因时、因地进行恰当的处理。

适度的原则,即我们要知道"过犹不及"。例如行鞠躬礼,在中国与韩国行鞠躬礼时身体前倾的度数是不同的:在中国,行鞠躬礼时,人们往往身体前倾30度左右;在韩国,晚辈见长辈行鞠躬礼时上身前倾90度,甚至大于90度,有时上身几乎贴近大腿。在中国,如果一方向另一方行90度的鞠躬礼,则可能会让对方感到不自在。又如行握手礼,老朋友或多年未见的熟人,握手时往往会加大力度并且双手相握;但对于初次见面的女士,男士若是握手力度控制不当,不但不能够传递热情,反而会引起对方的反感。适度的热情使人感受到春天般的温暖,可是如果热情过度,有时候会适得其反,让对方觉得不自然、不舒适,甚至厌恶。

5. 诚信、真挚的原则

"一言既出,驷马难追""言必信,行必果""一诺千金",这些都反映出古人非常重诚信。礼仪学上强调真诚、守信,要求人们在人际交往中要以诚待人、诚心诚意、言行一致、表里如一;强调一个人如果做了承诺,一般就不能轻易地变动,而应想方设法做到,如果实在是不得已,自己办不到了,也必须提前向对方做出解释,并让对方做好相应的准备,尽量减少给对方带来不便和麻烦。凡是需要做出承诺的事情,我们一定要想清楚自己是否一定能够办到,不要轻易地答应他人,而又不当回事,敷衍了事地对付。一旦言而无信成了一种习惯,就会让他人"敬"而远之,对个人的形象、名声都是极大的损害。

(二) 学习礼仪、运用礼仪

我们应在理解礼仪的主要原则的基础之上,理论结合实际,循序渐进,持之以恒地学习礼仪、运用礼仪。

我们在讲礼仪的主要特点的时候就谈到了礼仪的差异性。这种差异性既体现在时间上,如古代礼仪与现当代礼仪有差别;也体现在空间上,如不同国家、不同民族、不同地区的礼仪也会有别。如果我们只想以不变应万变,死死抓住礼仪的条条框框不放,就很难实现礼仪的目标。比如,在礼仪学上"主随客便"与"客随主便"看起来似乎是互相矛盾的,其实不然,我们只有将它们结合起来理解,才能谈得上对它们的真正理解。它们其实是相互成就的,只有"主随客便"没有"客随主便",或者是只有"客随主便"没有"主随客便",都不能实现主客关系的和谐自然状态。我们常说的"人敬我一尺,我敬人一丈"就说明了这种相互性。还有人只注重礼仪理论的学习,脱离生活实际,结果将礼仪弄得十分繁复,几乎到了无法操作实施的程度,那么这样的礼仪最终也只能束之高阁。无法应用的理论,自然也就完全脱离了人们的生活。我们只有将礼仪理论学习与实际情况相结合,才能够相得益彰,才能促进我们对礼仪的进一步理解。

学习礼仪要循序渐进,持之以恒。有人认为:学习礼仪时只要把一些具体的行为规范记下来,在具体操作时按部就班地实施就可以了。其实,礼仪的学习并不是一蹴而就的。举止得体、彬彬有礼、谈吐不凡的形象塑造并非一朝一夕的事情,它是一个长期的不断积累的过程。在学习礼仪时,我们不仅要注重循序渐进,还要注重不断地总结个人的不足,经常开展批评与自我批评工作。"吾日三省吾身:为人谋而不忠乎?与朋友交而不信乎?传不习乎?"强调的就是自我监督、自我反省的作用。学习礼仪是一个循序渐进的过程,现实中有不少的礼仪规范和要求,只有通过反复的练习、重复的体验,我们才能够真正地掌握和领悟。

礼仪教育的综合结果在于使人们形成良好的礼仪行为,也就是使人们在交际活动中将遵守礼仪的主要原则和规范内化成个人的一种习惯。所以,我们在学习礼仪的过程中,一定要真正理解礼仪的基本原则,在此基础上,严格训练,从一件件具体、琐碎的小事做起,大处着眼、小处着手,寓礼仪于细微之中,让礼仪逐渐成为个人习惯。

课堂实训

一、技能题

请你结合自身的经历,谈谈你思考过的生活中的礼仪案例和故事。

二、礼仪知多少

请根据以下问题进行自我测评,A为0分,B为1分,C为3分,D为5分。

1. 与客户握手时应该谁先伸出手呢?有什么禁忌吗?
   A. 从没有关注过　　　　　　　　　B. 知道伸手的顺序有讲究
   C. 知道尊者优先伸手　　　　　　　D. 熟悉握手礼仪

2. 称呼他人是一件很简单的事情吗?如何正确地称呼他人?
   A. 从没有关注过　　　　　　　　　B. 了解称呼有讲究
   C. 知道称呼对方时要表示出尊重对方　D. 熟悉称呼礼仪

3. 吃西餐的时候,刀叉的使用有什么讲究吗?
   A. 从没有关注过　　　　　　　　　B. 了解刀右叉左
   C. 知道刀叉摆放不同,代表不同的含义　D. 熟悉西餐礼仪

4. 穿西装时纽扣要全扣上吗?还有什么具体的礼仪要求?
   A. 从没有关注过　　　　　　　　　B. 了解纽扣的扣法有需要注意的地方
   C. 知道扣上不扣下的原则　　　　　D. 熟悉西装礼仪

5. 收到他人的名片后该如何表达对他人的尊重呢?
   A. 从没有关注过　　　　　　　　　B. 了解双手接收名片

C. 知道收到名片后一看二读三摆放的规范　　D. 熟悉名片礼仪

6. 布置会议室的座位时,要按照什么原则进行呢?

A. 从没有关注过　　　　　　　　　　B. 了解座位摆放要注意顺次

C. 知道会议室座位摆放的面门定位原则　D. 熟悉会议座位礼仪

7. 陪同领导出席活动,乘坐轿车时,车上座位的安排有何礼仪上的讲究?

A. 从没有关注过　　　　　　　　　　B. 了解以右为尊

C. 知道座次的高低取决于司机身份的不同　D. 熟悉轿车礼仪

8. 你有没有留心过中餐的主桌和主位呢?

A. 从没有关注过　　　　　　　　　　B. 了解主桌的说法

C. 知道主桌和主位在哪里　　　　　　D. 熟悉主桌和主位的排定礼仪

9. 在办公室接听公务电话时有哪些要注意的礼仪呢?

A. 从没有关注过

B. 了解公务电话接听要注意礼貌

C. 知道应在电话铃响三声内应答及左手持电话、右手做记录等礼仪

D. 熟悉电话礼仪

项目一
服饰礼仪

服饰是服装和佩饰的总称，由服装本体及与之相搭配的佩饰所构成。现代商务人员的职场服装主要有男士西装和女士套装；佩饰则包括领带夹、首饰、帽子、发夹、围巾、腰带、领带、提包、胸花、鞋、眼镜、手套、手表等。服饰反映了个人的精神面貌，会影响人际交往中"第一印象"的形成，是个人修养的外在体现。商务人员只有遵守相应的服饰礼仪，才能在举手投足中尽显个人的魅力。

任务一 男士着装礼仪

案例导入

日本著名企业家松下幸之助早期不修边幅,也不注重企业形象的塑造。有一天,他去理发时,理发师不客气地批评他不注重仪表:"你是公司的代表,却这样不注重衣冠,别人会怎么想?你自己都这样邋遢,你管理的公司会好吗?"松下幸之助听后大受触动,从此开始注意自己在公众面前的仪表仪态,对公司的管理也日趋规范。后来,松下电器的产品享誉全球,与松下幸之助长期的率先垂范,对个人形象及公司形象的严格要求息息相关。商务人员要塑造个人良好的职业形象,首先应注重服饰礼仪。

任务目标

1. 掌握着装的基本原则。
2. 能够区分不同的场合并选择恰当的服饰。
3. 能够正确规范地穿着西装。

相关知识

"佛要金装,人要衣装""人靠衣服马靠鞍",说的都是服饰对人的形象塑造所发挥的重要作用。服饰是一种无声的语言,得体的服饰能够恰如其分地表现穿衣者的气质、性格、身份、爱好等多方面的信息。在人际交往中"以貌取人"是不足取的,但是我们又不能否认,服饰不仅仅是个人的喜好问题,因为服饰除了保暖、遮体外,它还彰显着穿衣者对交际场合的理解、对交往对象的尊重。那种不修边幅、胡乱穿衣戴帽的人很容易给人以散漫、不尊重他人的印象。

一、着装的基本原则

人们在选择服饰的时候,常常要考虑到出席的场合,个人的肤色以及服饰的色彩、质地、价格等多方面的因素。目前,国际上通行的着装基本原则有以下几个方面:

(一) TPO 原则

1. Time

Time 即 T,也就是所穿服装对应的时间。一方面,着装要考虑一年中不同的季节。冬天,穿衣讲究保暖,我们不提倡"要风度不要温度"或"美丽冻人"的做法,但冬天穿得太多也容易让人感觉臃肿、不够利索,于个人而言,确实不便于行动;夏天,穿衣讲究透气、凉爽,但是不宜穿过短、过露的衣服,同时也要注意考虑个人的年龄、身材等实际情况。另一方面,着装要考虑一天中不同的时间段。早上和晚上的气温偏低,中午的气温最高,着装也应有一定的差异;即使早晚温差不大,出席晚上的宴会与出席中午的宴会,着装也应有所不同,因为穿衣者需要考虑灯光下和日光下服饰的不同效果和常规的穿衣习惯。

2. Place

Place 即 P,也就是所穿服装对应的场合。在家里就应当穿家居服,上班就要穿工作装,若是在家里踩着高跟鞋,穿得很正式,那么,家就不再是个人放松休息的港湾,恐怕没有人会乐意如此;反过来,若是穿着家居服在办公室里穿梭,也是不适合的。即使要做的事情相同,比如同样是会友,在自己家里见面和在咖啡厅见面,着装就应该有差异。在自己家里见面,着装可以稍稍随意些,穿着拖鞋也无妨;去咖啡厅见面,若是穿着拖鞋就出去了,再好的朋友也会认为你不把他当回事,有一种被轻视的感觉。

3. Object

Object 即 O,指对象、目的、场合。

首先,Object 指对象。同样的时间、同样的地点,见的对象不同,在选择服饰时也要考虑见面对象的不同。如果是见朋友,穿上轻松舒服的服装,便于营造轻松愉悦的气氛;如果是见客户,穿上正式、稳重的服装才能够赢得客户的尊重和信任。

其次,Object 指一定的目的。如果想要塑造青春活泼的形象,可以选择一些时尚的、色彩鲜明的服饰;如果想要塑造高贵典雅的形象,可以选择一些华丽、做工考究的服饰;如果想要塑造稳重端庄的形象,可以选择一些正式的套装。无论你想塑造何种形象,都是可以从着装上加以体现的。

最后,Object 指场合。人们的交际活动会涉及各种各样的场合,如出席他人的婚礼、去电影院看电影、在办公室上班、去参加商务宴请等,这些场合总结起来可以分成两种类型:正式场合和非正式场合。其中,正式场合又可以分为非常正式的场合和普通正式场合。在正式场合,着装宜庄重大方,不宜过于浮夸而不切实际;参加晚会或喜庆场合,服饰则可明亮、艳丽些。节假日休闲时间着装应随意、轻便些。在家庭生活中,着休闲装、便装更益于与家人沟通感情,营造轻松、愉悦、温馨的氛围。

(1) 正式场合可以分为两种:一是非常正式的场合;二是普通正式场合。

① 非常正式的场合。大型庆典、盛大宴会、晚会活动等属于非常正式的场合,出席这些场合需穿着礼服,而牛仔服、运动装、沙滩装、家居装等就不太适合。男士出席这种场合,可以选择西装、中山装或其他民族服装。女士在白天出席这种非常正式的场合,可以穿职业套裙、连衣裙等,颜色可以明亮些,款式也可以新颖些,但裙子不可过短或过长,以长及膝盖为宜;不可穿袒胸露背、裙长曳地的晚礼服或旗袍。晚上出席这种场合时,女士可以选择晚礼服、旗袍及华丽的连衣裙,旗袍的开衩可以稍高,晚礼服也可以适度地露肩或露背,但一定要佩戴相应的首饰。

非常正式场合有一种特殊的类型——悲哀的场合。这种场合主要是指殡葬仪式、吊唁活动等。这种场合也是非常正式的,但又是非常特殊的。在这种场合,服装的颜色以黑色或其他的深色、素色为主,不要穿得大红大绿,也不要珠光宝气。此外,在这种场合不要穿各类新潮时髦或奇形怪状的衣服,不要浓妆艳抹,尤其不要抹口红。

② 普通正式场合。普通正式场合也可以称为工作场合。有些企业有要求员工统一着装,也有些企业并没有做出统一的要求,但这并不意味着就可以随便穿了。不同的职业,有不同的工作装。对商务人员来说,在普通正式场合男士穿着西装、女士穿着职业套装是最合适的。

(2) 非正式场合是指逛街、购物、运动、旅游等场合。非正式场合对服装的要求是:舒适、自然、方便。如果这个时候西装笔挺或者穿着礼服盛装出席,往往是不合时宜的。休闲服、便服是这种场合的首选服装。

总之,非常正式的场合对穿衣戴帽讲究的礼节比较多;普通正式场合也有相应的着装要求;非正式场合对服装的要求相对较少,但也不可我行我素,依然要遵守着装的基本原则。

(二) 协调性原则

得体的着装不仅要遵守TPO原则,而且还要注意着装的整体协调性原则,这就需要做到服装与个人的自身条件相协调、与其他搭配物品相协调。

1. 着装要与个人的年龄相协调

年轻人应当穿得鲜艳、活泼、随意些,这样可以显示出年轻人蓬勃向上的青春之美;老年人着装则要注意庄重、雅致,体现出成熟和稳重,展现出成熟美。如果年轻人打扮得过于老气,就容易给人以老气横秋之感;如果老年人还时时穿着适合年轻人的服装,也容易给人以"扮嫩"之嫌。

2. 着装要与个人的肤色相协调

根据个人的肤色来选择服装的颜色,以达到映衬肤色的效果。皮肤苍白者,宜选择暖色调的服装,这样可以提升皮肤的红润感;皮肤偏黄者,最好不要选颜色与肤色相近或较暗的服装,否则显得皮肤缺乏生气;皮肤偏黑者,不要选择浅色系的服装,如皮肤黑的人穿着白色服装会显得更黑。

3. 着装要与个人的身材相协调

身材肥胖的人,不宜选择有横条纹、大花图案的服装,因为这些条纹和图案只会显得人更胖;身材瘦削的人,不宜选择竖条纹的服装,因为竖条纹有拉长延伸之感,会显得人更瘦;腿部比较粗的女士,不宜穿短裙,裙长至少要越过膝盖;腰比较粗的女士就不宜穿紧身衣。对于个人身材上的不足,可以利用视觉上的错觉效应进行适当的弥补,也可以进行巧妙的掩饰。

4. 着装要与鞋、袜、包相协调

着装要与鞋、袜、包等相协调。例如,穿着晚礼服时,应当搭配一只精致、华丽的小手包,而不能配上一个黑黑的大公文包;应当搭配色调、风格与晚礼服一致的皮鞋,而不能配拖鞋、运动鞋;应当搭配高贵华丽型的首饰。

5. 要注意保持服饰颜色的协调

服装颜色搭配是个人基于自身的阅历、审美品位,在综合考虑搭配技巧、自身特点等的基础上,对服装颜色的精心选择和组合。在颜色的搭配上,可以采用以下搭配:统一颜色搭配法,即上下使用一个颜色色调;呼应法,即上下装或上衣与其他的饰物颜色相呼应;陪衬法,在一些特殊部位,如袖边、腰带、衣领、口袋盖等采用一些对比的陪衬色,这种对比搭配的颜色给人以活泼生动的感觉;点缀搭配法,在服装色彩过于深的情况下,可以选用一些颜色比较明亮的饰物进行点缀,如全身黑色的衣服,可以用胸花进行点缀。

(三) 整洁性原则

服装若是皱巴巴,甚至上面还有污渍、油渍,不论多么昂贵,都是不符合服饰礼仪的。衣服一定要清洗干净,必要的时候还要考虑特殊的洗涤方法。该熨烫的衣服,一定要熨烫到位。不要穿残破或有补丁的衣服。值得一提的是,现在市面上有些休闲服,在肘部、肩部等部位会使用一些颜色和面料与服装主体不一样的"补丁",穿着这类服装出席正式的公务活动是不适宜的。

(四) 个性化原则

在做到以上几个原则的基础上,适当地追求个性也是无可厚非的,毕竟如果"天下衣服

同一颜色"或"天下衣服同一款式",世界也就会显得过于单调。我们可以根据自己的个性选择服装,以彰显个人独特的风格,但也不能过分地标新立异。

二、西装礼仪

在日常交往中,人们更多地穿着西装。西装,又称西服,是商务男士在正式场合着装的首选。它起源于欧洲,目前已经发展成为一种国际性的服装(如图1-1所示)。商务男士穿着西装时应遵守相应的礼仪,另外还应注意与西装相搭配的衬衣、皮带、公文包、鞋、袜等。

图1-1 男士西装

(一)西装的选择

1. 西装的面料

适合正式场合的西装的面料一般为纯毛料、纯羊绒及含毛比例较高的毛涤混纺面料。一般而言,高档的毛料不易起皱、不易起球,这样面料的西装穿起来既柔软舒适,同时又非常挺括。

2. 西装的颜色

在正式场合穿着的西装首选藏蓝色,黑色也常常受到不少男士的青睐,这些颜色显得比较正式、庄重与严肃。当然,休闲场合的西装颜色更丰富,如白色、米黄色、棕色、粉色等。

在正式场合穿着的西装讲究上下装颜色一致,颜色相差不大、比较接近都不适合。有些商务人员以黑色西装上衣搭配藏蓝色西裤,认为这两个颜色都属于深色系,而且也比较接近,其实这种不成套的西装是不适合出现在正式场合的,这很容易给人以拼凑的感觉。所以商务人员一定要注意,出席正式场合时穿着的西装要上下同色。另外,在正式场合的穿着要遵守"三色原则",即全身衣服所有的颜色不要超过三种。

3. 西装的图案

商务人员的西装讲究庄重与正统。在正式场合穿着的西装首选无图案,西装上面"雕龙画凤"或有其他的图案,给人感觉不够严肃和庄重。例如,一位男士穿着一套白色的西装,上衣上还绣着一朵大大的牡丹花,这样的穿着会让人认为他是去上台表演节目的。大方花格子图案的西装也不适合正式场合。就算是规则的竖条纹图案的西装,也只适合一些休闲的场合。当然,如果西装面料上只有一些极小的细纹,如细密的"牙签呢",则是可以选择的,这些图案的共同特点是细、密,看起来像是面料本身的织纹。

4. 西装的款式

西装的款式如果按件数来划分,可以分为单件式与套装。单件式指单件的西装上衣,仅仅适合于非正式场合。套装包括两件套和三件套:两件套是指上下同一面料、同一颜色的西装上衣与西裤,是出席正式场合必备的两大件;三件套除了有西装上衣、西裤之外,还有一件背心,三件套西装比两件套西装更加正规,三件套西装是最正宗、经典的商务套装,也是商务人员出席高层次商务活动时的最佳选择。

西装的款式如果按纽扣的排数来划分,可以分为单排扣西装与双排扣西装。双排扣西装中常见的有双排两粒式、双排四粒式、双排六粒式;单排扣西装有单排一粒式、单排两粒式、单排三粒式。

5. 西装的版型

西装的版型是指西装的整体外观形态,主要分欧式、英式、美式、日式。男士在选择时最好根据个人的体形及风格选择适合自己的版型。一般而言,高大魁梧的男士可以选择欧式、美式的西装。通常中国男士的体形比较合适日式西装。

6. 西装的尺寸

对于好的西装来说,尺寸是不可忽视的一个重要因素。不论多么昂贵的西装,若是不符合"大小合身、量体裁衣"的标准,都不能选择。一般来说,上衣袖口以到手腕为宜,西裤的下端以离皮鞋的鞋跟一厘米为宜。因此,男士在选择西装时,了解个人的尺寸、量体选衣、认真试穿是极其必要的。西装太大了,会显得人特别瘦弱;而西装太小,穿起来会让人束手束脚、行动不便。

7. 西装的做工

高档西装与普通西装除了品牌的差别以外,最显著的就是做工的差别。西装做工的优劣,可以从以下几个方面来考察:一是衬里是否外露、是否皱皱巴巴;二是衣袋是否对称,衣袋是否在一个水平面上,衣袋有没有漏洞;三是纽扣是否缝牢;四是针脚是否均匀;五是西装的表面是否起泡;六是西装外表是否平整。

(二) 正式西装与休闲西装的区别

从面料上来看,正式西装一般是纯毛料、纯羊绒及含毛比例较高的毛涤混纺面料;而休闲西装则可以是多种面料,不限于高档毛料。从颜色上来看,正式西装的颜色多为深色系列,并且是上下成套出现的;而休闲西装的颜色较多,有多种选择。从图案上来看,正式西装大多无图案;休闲西装则可选择规则的几何图案,甚至是比较夸张的图案。从款式上来看,正式西装都是成套的,有两件套的和三件套的;休闲西装大多是单件的。

(三) 西装的穿法

1. 拆除商标

新买的西装一般在左袖口上都有一块商标,穿着之前一定要将这块商标拆除。有人把它当作名牌的标志,舍不得拆下来,西装穿了好几年,商标仍然还留着,其实这样做是不符合西装穿着礼仪的。拆除这块商标表示这套西装已被"启用"。

2. 熨烫平整

出席正式场合前,最好将西装熨烫平整。又皱又脏的西装会让个人的形象大打折扣。

3. 纽扣问题

西装的纽扣较多,这些纽扣的扣法是有一定讲究的,该扣的时候不扣、不该扣的时候乱扣,只会贻笑大方。

首先,西装上衣的纽扣。站立时西装上衣的纽扣最好扣上,以示郑重,但如果上衣内还穿了羊毛衫或背心,也可以不扣;坐下时,为了防止西装变形,可以解开纽扣。对于单排扣的上衣,遵循"扣上不扣下"的原则;单排两粒扣的,就扣上粒;单排三粒扣的,可以扣上面一粒或上面两粒或中间一粒。对于双排扣上衣,坚持"全扣"的原则。

其次,西装背心的纽扣。单排扣的西装背心一般只留最下面一粒不扣,而双排扣的西装背心则遵循"全扣"原则。一般来说,我们最好选单排扣的西装上衣与西装背心相搭配,不然,双排扣的西装上衣上面纽扣不少,背心上面的纽扣也一大串,胸前挂满了一排又一排的"纽扣",看起来有些可笑。

最后,西裤的纽扣应全部扣好,出门之前应检查;也有些西裤使用的是拉链,这时要稍加注意拉链下滑的问题。

4. 不卷不挽

穿西装就要穿得挺括,不要将西装的衣袖卷起或将裤管挽起。随意脱下西装上衣,将西装上衣搭在肩上、抱在怀里都显得不够庄重。如果是在个人的空间,比如个人的办公室内,可以脱下西装上衣,只穿着衬衣,不过脱下的西装上衣最好平整地挂在自己的椅背上,而不要随手放在办公桌或茶几上。

5. 关于佩饰

在西装的左侧领子上有一个扣眼,这个扣眼也有人称其为"凤眼"(如图1-2所示)。现在这个扣眼已经不再用来系扣子了,但可以用来佩戴装饰性的徽章。这些装饰性的徽章以圆形的居多,若是比较大或长条形的徽章,比如工作人员的工号牌或姓名牌,则不要别在这个扣眼的位置,还是应当别在左胸口袋的上方。

图1-2 西装凤眼

6. 关于羊毛衫

为了让西装穿起来更有型,西装上衣内除了衬衣与背心之外,最好就不要再穿着其他衣物。如果天气寒冷,必须要穿羊毛衫,最好穿"V"形领的羊毛衫,"U"形领、桃心领、高领、大圆领等羊毛衫都不适合。羊毛衫最多穿一件,不要一次穿好几件羊毛衫。

7. 巧配内衣

通常在衬衣的里面不再穿背心和内衣,若一定要穿,也要以不外露为基本要求。有的人为了御寒,在白衬衣内再穿上一件高领的T恤,有的人在白衬衣内穿着彩色的甚至是带有数字或卡通图案的内衣,透过衬衣还依稀能看到这些图案,这些搭配都是不妥的。

8. 关于背心

背心,又称马夹。因为当西装上衣不扣纽扣时,容易露出衬衣与裤子的连接处,而背心具有一定的遮掩作用。在个人的办公室,可以脱下西装,背心露在外面。另外还要注意背心前后面料要尽量一致。系皮带的时候不要让领带尖在背心的下面"探头探脑"(如图1-3所示)。

图1-3 "探头探脑"的领带尖

9. 关于皮带

西装的皮带以真皮为佳。牛皮是不错的选择,布材料、珠链式的都不适合。皮带的颜色要与公文包、皮鞋的颜色保持一致。皮带头应简单大方,不可追求过于新奇、夸张的款式。

穿西装时,不要在皮带上挂任何东西。有些人在皮带上挂钥匙、手机等物品,走路时,时不时会发出响声,既影响了他人,也有损个人形象。还有些年轻人喜欢在皮带上挂上长长的链子,走路的时候还顺便把玩。要记住:这些链子千万不能配在西装的皮带上。

10. 口袋少装东西

西装的口袋并不是百宝箱,不要把西装口袋个个都装得满满的,哪些口袋可以装东西、可以装什么东西都是有一定的讲究的。

西装上衣左胸外侧的口袋只可放置真丝手帕,不宜放钢笔、眼镜、名片等物品。西装上衣内侧的口袋可放置钢笔、钱夹、名片夹等,但不要太厚,否则会造成左右胸部一高一低,不对称。西装上衣外侧下方的两只口袋,原则上以不放任何东西为佳。

西装背心的口袋均为装饰性的口袋,只能用于放怀表。

西裤两侧的口袋只能放纸巾、钥匙等小件物品。后面的口袋不放东西,有些男士喜欢将钱包放在西裤的后面口袋,一到要用钱包时,就伸手在后面口袋里掏来掏去,看起来较为不雅。

11. 经常替换

尽量不长期穿着同一套西装,这样既是为了减少磨损、避免西装变形,也是出于个人卫生的考虑。

三、衬衣礼仪

西装只能用衬衣来配,而不能用 T 恤来配。衬衣的选择和穿法也有不少讲究,具体如下。

(一) 衬衣的选择

1. 衬衣的面料

搭配西装的衬衣的面料应以不易起皱、不起球、不起毛为基本要求,一般宜选用棉质的、纯毛面料或以棉、毛为主要成分的混纺面料,不宜选择真丝面料、发光发亮的面料、不吸汗的面料。

2. 衬衣的颜色

白衬衣是每位穿西装的男士的必备衬衣,它几乎可以与各种颜色的西装搭配,既庄重又大方;正式场合还可以选用其他的单色衬衣,常见的如蓝色、灰色、棕色、黑色等,但不论选择什么颜色,一定要注意与西装的颜色相协调,不宜选择颜色太艳的衬衣。

3. 衬衣的图案

衬衣上不可有夸张的人物、花卉、动物等的图案或文字。试想,一位商务男士穿着一身正式的黑色西装,里面却穿着印有 Snoopy 图案的衬衣,这样的穿着与其精干、庄重、务实的个人形象背道而驰。带有规则的细竖条纹的衬衣在要求不高的场合中也可以用来配西装,但要注意:不要里面穿着竖条纹的衬衣,外面又穿着竖条纹的西装上衣。

4. 衬衣的衣领

搭配西装的衬衣一定要选择带有衣领的,有衣领才便于打领带或打领结。衣领一定要挺括有型。此外,还要注意保持衣领的干净整洁。

5. 衬衣的袖子

搭配西装的衬衣一定要是长袖的,衬衣袖口的长度以盖过手腕为宜。

6. 衬衣的口袋

搭配西装的衬衣一般以胸部无口袋的为佳,即使有口袋,也不要把笔、名片或其他东西放在里面。

(二) 衬衣的穿法

1. 衬衣的纽扣

衬衣的所有纽扣均要扣好,不论是衣扣、领扣还是袖扣。有些男士觉得扣上领扣后,脖子被箍得难受,所以经常不扣领扣,只用领带束着,这种做法是不正确的。如果穿着西装但没有打领带,这种情况下倒是不必扣上衬衣的领扣。

2. 衬衣的袖口

穿着西装时,衬衣的袖口应比西装的袖口长1～2厘米,这样可以对西装的袖口起到一定的保护作用,而且用衬衣作为衬托,西装会显得有生机(如图1-4所示)。

图1-4　衬衣的袖口

3. 衬衣的下摆

衬衣不论是外穿还是穿在西装里面,衬衣的下摆都要掖入裤腰。还要注意:抬手时,衬衣的下摆有时会从裤腰里出来一部分,所以要随时注意,发现有问题就要进行调整,当然不要当着他人的面进行调整。

4. 衬衣的大小

衬衣一定要大小合身,太小了不便于活动,会让人束手束脚;太大了,套在西装里面又会皱巴巴,影响穿着效果。

最后还要注意,只穿着衬衣、打着领带而不穿西装上衣去参加正式活动,是不合乎礼仪要求的,这样的穿着适合于自己的办公室或一些不太正式的场合。

四、领带礼仪

领带可以展示男士的个性,他的个性是保守的、严肃的、权威的、沉默的,还是外向的、直率的、活泼的,从他的领带可以反映出来。所以,领带对于男士形象的塑造具有重要的作用。一套得体的西装如果搭配了不协调的领带,或领带的打法不得体,那就是美中不足。同一套西装如果搭配上不同的领带,会给人不同的感觉。男士在正式场合穿着西装就一定要打领带,否则不但不合礼仪,也会让别人觉得他对此场合不够重视。女士一般不宜打领带。

(一) 领带的选择

要想让领带成为整套西装的"点睛之笔",首先就要学会选择领带。具体而言,男士在选择领带时需要考虑以下几个方面。

1. 领带的款式

领带的款式有多种,箭头式的领带下端为三角形,这是比较传统的领带;平头式的领带则比较时尚,多用于非正式场合。另外,领带还有宽窄之别,宽领带适合胸围较宽的男士;窄领带适合胸围较窄的男士。

2. 领带的面料

领带的面料以不跳丝、不起球、有厚实感、易于熨烫平整为宜，以真丝、羊毛料为首选，棉、麻、皮、珍珠等材质的领带不宜用在正式场合来搭配西装。

3. 领带的图案

适用于正式场合的领带可以是单色的，也可以是有条纹的和规则的几何图形的。条纹领带以斜纹居多，横纹次之，竖纹的不常见；规则的几何图形，常见的有圆点、正方形、菱形等。正式场合用的领带不宜有卡通动物、人物、花卉、怪异神秘的图案。领带应与西装和衬衣的颜色相协调，最好形成一定的对比。大多数商务人员采用的西装、衬衣、领带的颜色为深、浅、深。不要用花领带配花衬衣，也不要用条纹领带配条纹衬衣。

另外，在正式场合所使用的领带与装饰性手帕应当是成套的，这样整体感会比较强。

（二）领带的打法

1. 打好领结

领带打得好坏，首先要看领结的质量。礼仪上对领结的要求是：外形上看应当端正、挺括，呈倒三角形，大小与衬衣的衣领相协调，忌讳打得松松垮垮。

2. 领带的长度

从长度来看，领带的下端应当到皮带扣的上端，太长了会在衣襟下面"若隐若现"，太短了又会时不时地从衣领上面"跳"出来，都会给他人一种不稳重之感。另外，领带的外面这一片一定要能够遮住里面那一片，不要出现里长外短的状况。

3. 放置有序

打好领带之后，要把它放在合适的位置上。要把领带放在衬衣与西装之间，或衬衣与背心之间；如果穿了羊毛衫，不论穿了多少件（正式场合一般是尽量少穿羊毛衫），都要把领带放在衬衣与羊毛衫之间，不要把领带夹在羊毛衫与西装之间，或背心与西装之间。

4. 少用佩饰

有些男士喜欢为领带配领带针、领带夹、领带棒等，这些佩饰确实可以起到一定的固定、美化装饰的作用。总体来说，在不影响工作的情况下，这些领带针或领带夹之类的佩饰尽量少用。领带夹主要用来将领带固定于衬衣上，领带夹的正确位置是衬衣的纽扣从上往下数第四粒纽扣和第五粒纽扣之间，最好不要把领带夹露在外面。

5. 领带的打法

以下介绍领带的几种常用打法。

（1）四手结：也叫单结，是所有领结中最容易操作的，如图1-5所示。

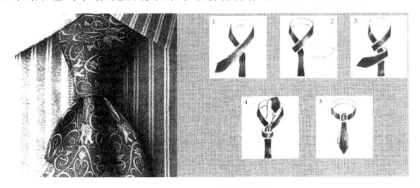

图1-5 四手结的打法

第一步：领带两边交叉，宽边保持在窄边的上面。

第二步：宽边绕到窄边的背后。

第三步：宽边绕回到窄边的上面。

第四步：宽边继续绕过窄边的背后并从脖子圈处穿出来。

第五步：宽边从形成的单结中穿过。最后进行调整定型。

(2) 亚伯特王子结：适用于尖领系列衬衣，正确的打法如图1-6所示。

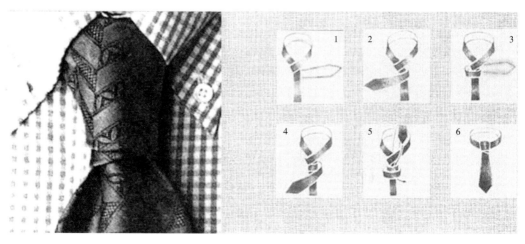

图1-6 亚伯特王子结的打法

第一步：领带两边交叉，宽边绕至窄边的背后。

第二步：宽边继续绕到窄边之上。

第三步：重复第一步的动作。

第四步：重复第二步的动作。

第五步：将绕了两周之后的宽边继续绕到领结背后并从脖子圈处穿出来。

第六步：将宽边穿过领结，最后进行调整定型。

(3) 双交叉结：这种打法稍稍复杂一些，如图1-7所示。

图1-7 双交叉结的打法

第一步：领带两边交叉，宽边绕至窄边的背后。

第二步：宽边从脖子圈处绕出。

第三步：宽边绕至窄边的正面。

第四步：宽边绕形成的领结一圈。

第五步：宽边从脖子圈处穿入。

第六步：宽边从领结中穿出。

第七步：调整后定型。

五、鞋、袜的选择与搭配

（一）鞋

与西装相搭配的只能是皮鞋，不要用布鞋、运动鞋、凉鞋、拖鞋来搭配西装。皮鞋以牛皮为最佳，羊皮、猪皮其次，鳄鱼皮、蛇皮则不宜。有些人认为鳄鱼皮、鸵鸟皮做的皮鞋更能显示个人的财富和身份，但这恰恰违背了我们所提倡的环保理念。

皮鞋的颜色以黑色为宜，其他浅色、艳色、花式的皮鞋不适宜正式场合。皮鞋以系带式的比较正统的皮鞋样式为宜（如图1-8所示），简单的船式皮鞋不够正式，不够庄重。

图1-8 系带式皮鞋

另外，还要注意保持个人的皮鞋干净无尘，要定期进行清洁护理。一双光亮无尘的皮鞋一定会给人好的印象。当然，皮鞋要大小合适，穿起来要舒适。最后，在礼仪学上，我们常提到"三一定律"，指的就是皮带、皮鞋、公文包的颜色要一致，而且最好是黑色。

（二）袜

袜子的面料以纯棉、纯毛为宜，颜色以深色、单色为宜，黑色常常是最佳选择。有些人因为不懂得袜子配西装的要求，认为穿着白色袜子会显得比较干净清爽；更有甚者，用彩袜或花袜搭配西装，这些都是错误搭配。此外，男士也不要用丝袜、肉色袜来搭配西装。

搭配西装的袜子上可以有规则的几何图案，但最好还是选择无图案的；袜子要成双，切不可一只一个颜色。不要选择市面上流行的短袜，因为它只能包住脚底，一坐下来，就会露出光光的脚踝。另外，在正式场合男士也不可光着脚穿皮鞋。

六、公文包的选择与使用

在从事商务活动时，商务人员常常需要随身携带一些必要的物品，公文包是商务人员的首选。公文包的面料一定要是真皮的，牛皮、羊皮都是不错的选择。公文包以深色、单色、无图案为宜；浅色、多色、图案花哨的都不太适合男士。公文包最好选择长方形、手提式的，至于拖式的、双肩式、斜挎式的则都不太适合。

如果需要携带的资料较多,商务人员可以选择一个较大的公文包,但不要左手一个、右手一个、肩上再背上一个。在启用一个新的公文包前,一定记得取掉公文包上的真皮标志,不要任其挂在包上。

每天出门前,应当将公文包整理清楚。当着客户的面在公文包里翻来翻去找东西的商务人员,会给人以工作不够专业的印象。去客户的家中或办公室时,公文包要合理地放置,可按主人的要求摆放,也可将公文包就近放在自己座椅附近的地上,不可顺手就将公文包放在对方的沙发、茶几或办公桌上。

课堂实训

一、技能题

1. 选西装。

第一步:把班里的男生分成几个小组,以小组为单位,通过网上购物平台为自己挑选一款合适的商务西装,向同学展示并说明选择的理由。

第二步:女生对男生所选择的商务西装进行评分,并说明评分的理由。

第三步:各个小组派代表上台进行展示,教师和全班同学投票,选出活动任务完成得最好的小组。

2. 打领带。

练习领带的打法,要求学会1~2种领带的打法。教师抽选几个男生上台展示打领带。

3. 礼仪观察员。

教师请学生观察生活中穿西装不符合西装礼仪的现象,将这些现象以图片的形式向全班同学进行展示并讲解。

二、案例题

1. 张波的精心打扮

张波是某公司的业务主管,有一次他出席一次正式的商务活动。张波心想自己可不能给公司丢脸。于是,他精心打扮了一番:穿着一身笔挺的棕色西装,手提一个名贵的白色牛皮包,脚蹬自己省吃俭用好几个月才买下来的鳄鱼皮皮鞋,再搭配一双新的白色袜子。可是到了活动现场,领导说:"你赶快回去换了!"张波一听,心想:"我这可是为了这次活动精心搭配的呀。"

请就此案例谈谈张波的打扮出了哪些问题。穿西装的礼仪有哪些?

2. 郑先生是一位经常东奔西走的业务人员,遵照公司的规定,他必须天天穿着蓝色西装上班,同时配上白衬衣及深蓝色领带。郑先生自认为这身装扮让他显得英姿焕发,但是他的上司却经常指着他的领结说:"不及格呀!"经过同事的指点,郑先生才晓得原来上司是怪他没扣上衬衣的第一颗纽扣,但他很不以为然:"反正我已打了领带,有领带箍着,衬衣的领子固定得很好,何必扣扣子,令自己不舒服呢?"

请就此案例谈谈郑先生的想法对不对。

任务二　女士着装礼仪

案例导入

张丽是某高校的在校大学生,眼看就到了毕业季,同学们都纷纷换上了职业装,穿梭在各类毕业招聘会的现场。为了求职,张丽也毫不犹豫地给自己添置了一套职业套装——白色衬衣外搭西装套裙,张丽心想:"穿着这套服装参加一般的面试肯是够用的。"

这一天,张丽穿着新买的职业套装去参加某公司的招聘面试,因为天气有点热,在路上张丽就将西装上衣脱了,上身穿着白色衬衣,下身穿黑色职业裙,脚穿黑色高跟皮鞋。还没有到达面试现场,张丽就发现:白色衬衣透光,并不适合单独外穿;衬衣偏短,衣襟时不时就会从裙腰处跑出来;下裙偏小,走路时,裙下摆的开衩总是移位;而且鞋跟偏高,自己其实并不能舒适地驾驭……

此案例带给你什么启示?

任务目标

1. 能够根据不同场合选择适当的服装。
2. 能够正确规范地搭配与穿着职业套裙。

相关知识

女士在工作场合大多穿着工作套装(有裙装和裤装),出席重大的庆典活动或舞会时可以穿着旗袍。这些适用于正式场合的服装在选择与穿着方面都有相应的讲究。

一、旗袍

旗袍,是我国传统的女士礼服,被誉为中华服饰文化的代表。它在表现中华女性贤淑、典雅、温柔、清丽的性情与气质的同时,也能很好地表现女性柔美的身体曲线。

穿着旗袍时应搭配高跟鞋或半高跟鞋,也可以搭配面料高级、制作考究的布鞋;有时候可以配上一款披肩,这样既可以起到一定的保暖作用,又可以起到一定的修饰美化作用。

女士在出席正式的庆典活动、大型的晚宴活动等时可以选择穿着旗袍。但应根据个人的体形、肤色、年龄和季节选择适合自己的旗袍,年龄大的女士可以选择颜色稍深、略微宽松的旗袍,以体现庄重、典雅;中年女士可以选择富丽堂皇、有绣花、绲边的旗袍,以展现雍容华贵;年轻女士可能选择活泼的款式,以体现青春朝气。高开衩的旗袍适合年轻女士,年龄大的女士可以选择低开衩的旗袍。

二、套裙的选择与穿着

套裙也称西装套裙,是女士在商务场合的首选服装。套裙通常有两件式与三件式之分,三件式包括西装上衣、西装下裙、西装背心。套裙既能展现女士庄重干练的职业性的一面,同时也能体现女士优雅俏丽的一面(如图1-9所示)。

图 1-9 职业套裙

女士的套裙像男士的西装一样,有正式版的套裙和休闲版的套裙之分。休闲版的套裙是指一件女式西装上衣和不同款的裙子所进行的自由搭配与组合;正式版的套裙是指女式西装上衣与面料一致、款式一致、成套搭配、颜色相协调的西装下裙的组合。在正式场合,女士应选择正式版的套裙,随意组合的套裙适合一些非正式场合。

就整体而言,女士的正式套裙比男士的正式西装更多姿多彩,从面料到颜色,再到款式,它的选择范围更广。

(一) 套裙的选择

1. 套裙的面料

套裙的面料应当质地上乘、不易起皱、不易起毛、不易起球、手感较好。此外,上衣、下裙和背心的面料应当一致,这样才会给人以浑然一体的感觉。

2. 套裙的颜色

套裙的颜色可以是黑色、藏蓝色、灰色、粉红色、浅蓝色、红色、银灰色等。深色系列显得比较稳重,浅色系列则显得比较明快。

在颜色的选择上,女士可以根据自己的肤色、体形、年龄、性格等选择适合自己的颜色,如果再考虑季节的因素,那就更加完美了。适合夏季的套裙颜色多以冷色调为主,适合冬季的套裙颜色多以暖色调为主。

套裙的颜色可以上下一致,也可以上下不同。虽然不要求上下颜色一致,但也不能不讲究协调。可以上深下浅或上浅下深,但任意地将两种不搭配的颜色拼凑在一起的做法是不可取的,也不要将颜色相近的上衣与下裙进行搭配。如红色的上衣与粉色的下裙搭配,深蓝色的上衣与浅蓝色的下裙搭配,等等,这样的打扮会给他人以不协调之感。另外,三件套的套裙不要出现三种不同的颜色,否则会给人以拼凑之感。

在工作场合,女士穿成套单色的套裙,如黑色、藏蓝色等,如果能系上彩色的丝巾进行点缀,往往会给人眼前一亮的感觉,这种装束尤其适合年轻的女士。当然,套裙的花边、丝巾、胸花、胸针等点缀也不要过多,太多了会让人觉得杂乱无章。

3. 套裙的图案

越是正式的场合,套裙上的图案和花样应越少,总体上来说,以无图案为佳,但若是有些比较隐蔽的图案,如小圆点、小斜纹之类的细小图案,也是可以的。如果套裙上带有动物、人物、花卉等图案或文字,那就尽量不要穿着其出现在正式场合。

4. 套裙的点缀

套裙不论是自身设计上的点缀,还是以其他饰品进行的点缀,在允许的范围之内都是可以出现的。套裙自身设计时所带的点缀有包边、绣花、蕾丝、腰带等。例如,一套黑色的套裙,在上衣口袋和袖口进行白色包边处理,往往会使整套套裙显得活泼而有朝气。常用来点缀套裙的饰品还有胸花、胸针、丝巾等。无论是套裙自带的点缀,还是后加的点缀,都不宜太多,更不宜粗糙,否则不但起不到点缀修饰的作用,反而会降低整套套裙的档次。

5. 套裙的款式

从长短上看,套裙的上衣有长、中、短三种不同的长度。从上衣的形状来看,上衣有收腰式的,有直筒式的。从领形来看,上衣有圆领、V形领、桃心领、西装领、一字领等。从松紧程度来看,上衣有宽松式的,有紧身式的。从衣扣来看,上衣有无扣式、单排扣式、双排扣式、暗扣式,等等。

下裙从长短来看,有长、中、短三种不同的长度,超短式的下裙最好不要用于正式的商务场合;下裙的长度不要长过小腿的中部,如果低于小腿的中部,甚至到达脚踝,会给人以无精打采、没有朝气之感。从开衩来看,下裙有前开衩的、后开衩的、两侧开衩的、左前方开衩的、右前方开衩的、不开衩的。从松紧程度来看,有宽松式、紧身式。从裙子的整体形状来看,有百褶裙、A字裙、直筒裙、一步裙等。

套裙的背心大多比较贴身,所以不宜太长,可稍稍短于上衣。

以上的分类足见女士套裙款式的多姿多彩。另外,上衣与下裙可以有多种搭配方式。上衣与下裙的搭配可采用上长下长式、上短下短式、上长下短式、上短下长式。女士在选择套裙的时候,应根据个人身材、个人偏好、时尚度来选择。身材丰满的女士就不要选择收腰式的上衣,这种上衣适合腰比较纤细的女士;上身比较丰满、下身比较苗条的女士可以选择宽松式的上衣和偏瘦的下裙。

(二)套裙的穿着

1. 适用的场合

女士出席正式的商务活动,一定要穿上套裙。而在其他的非正式场合,如逛街、买菜、登山、郊游等,穿着套裙只会显得太一本正经,休闲时的轻松气氛反而会被破坏。所以,女士不能把套裙当作"万金油",而应根据场合的不同有所选择地穿着。

2. 兼顾举止

套裙有助于女士塑造端庄稳重、优雅干练的形象,穿上套裙以后就要有意识地兼顾个人的举止,久而久之养成一种良好的习惯。穿上套裙后切忌动作粗鲁,忌大步流星。套裙的开衩一般不大,步幅太大,容易使套裙撕裂,所以行走时步幅应适中,步子一定要稳、要轻。

女士穿着套裙就座时,双腿夹紧,不要叉开双腿或高跷着二郎腿,更不可夸张地将双腿放到办公桌上。

另外,不要将套裙的上衣搭在肩上、搂在怀里或当众脱下。

3. 注意细节

穿套裙的时候,该扣的领扣、袖扣、胸扣都要扣好,以示端庄正式。

要小心对待套裙的开衩处。有的女士穿套裙时发现,在行进的过程中下裙的开衩处容易移动位置,所以本来在前面的开衩不知不觉就移到了旁边或后边,本来是两侧的开衩,后来会一个移到前面,另一个移到后面,这样不但会影响套裙的美观,也会影响个人的行动,所以一定要注意随时检查,适当调整。不过,调整时不要在公众场合,可以去洗手间调整。

三、衬衣的选择和穿着

搭配套裙的衬衣和搭配男士西装的衬衣相比,其选择范围也更广些。从图案上来看,搭配正式套裙的衬衣完全可以是"花枝招展"的,尤其是用来搭配深色系列套裙的衬衣。白色衬衣搭配黑色套裙,看起来比较传统、朴素且中规中矩;"花团锦簇"的衬衣搭配黑色或深色的套裙,往往会显得比较有活力;有时候,即使是白色衬衣搭配深色系套裙,为了使整体装束活泼,可以用颜色艳丽的丝巾来点缀领部。

从款式上来看,搭配套裙的衬衣款式越来越多,尤其是在胸部、袖口、衣襟等部位有一定点缀的,如褶皱、荷叶边、蕾丝等,这些点缀使得正式套裙端庄大方之外,又不乏活泼俏丽。

从衬衣的穿着上来看,衬衣下摆要掖入下裙之中,衬衣的领扣、袖扣、衣扣都要扣好,即使天气再热,也不要当众解扣。参加正式的活动时,单穿着衬衣是不够正式的,所以还是要在衬衣外面套上西装上衣或背心。

四、鞋袜的选择与穿着

(1) 搭配套裙的鞋子。

搭配套裙的鞋子以牛皮、制式为最佳选择,不要用布鞋、凉鞋、拖鞋、靴子来搭配套裙。从图案上来看,皮鞋最好是无图案的,即使有个别的装饰,也应做到简单而不繁复。从颜色上来看,穿浅色系列的套裙时,皮鞋的颜色可以选棕色、咖啡色、白色等;穿深色系列的套裙时,皮鞋的颜色以黑色为最佳选择。如果身穿一套白色的套裙,却配一双黑色皮鞋,会给人一种"头轻脚重"的感觉;如果身穿一套黑色的套裙,却配一双白色皮鞋,则会给人一种"头重脚轻"的感觉。从鞋跟上来看,搭配套裙的皮鞋最好是有一点儿鞋跟,高跟或中跟均可,但是平底皮鞋不能很好地发挥套裙所具备的展现女士优雅娇柔美的作用。从皮鞋的款式上看,最好是制式皮鞋,不要以系鞋带式的皮鞋来搭配套裙。

(2) 搭配套裙的袜子。

穿着套裙时应搭配弹性较好、贴身效果好的丝袜。另外,不要以有图案的丝袜或黑色网格式丝袜来搭配套裙。从颜色上来说,丝袜的颜色不可深于套裙的颜色。如穿着黑色的套裙时,可以选择黑色、灰色、肉色的丝袜;穿着白色的套裙时,就只能选择肉色的丝袜。另外,彩色丝袜不适宜搭配套裙。

需要提醒的是,女士不要当众随意脱下鞋、袜,即使在无人关注的办公桌下也不宜。有些女士喜欢在进餐或开会时,悄悄地把自己的脚从皮鞋里挪出来,这种做法只会让女士优雅、文静的形象毁于一旦。有人认为,夏天穿丝袜比较热,而且别人也不一定就看得清楚你有没有穿丝袜,所以就干脆不穿丝袜,这在正式的商务场合是绝对不允许的。不论是男士穿西装的时候,还是女士穿套裙的时候,光着脚穿皮鞋都是不符合服饰礼仪的要求的。既然穿上了丝袜,就一定要注意随时对丝袜进行检查,不要出现丝袜脱丝、破洞或丝袜脱落的情况。

为了防止这种情况的发生,有经验的商务女士常常在自己的公文包内放上一两双丝袜,以备不时之需。另外,商务女士还应注意丝袜的袜口不要暴露在套裙外面,为了防止这种情况的发生,可以选择穿连裤袜。

五、公文包/皮包的选择

穿着套裙时应选择与套裙相匹配的公文包/皮包。女士皮包以手提式或单肩背式为宜,双肩背式、拖拉式或斜挎式的皮包则是不适合的。另外,公文包/皮包最好是真皮的,牛皮、羊皮都是不错的选择。公文包/皮包的颜色要与套裙相协调,黑色、棕色是比较常见的颜色,也比较容易搭配;白色公文包/皮包适合配浅色的套裙;但是彩色的公文包/皮包不要和彩色的套裙搭配。

课堂实训

技能题

1. 选套裙。

第一步:以小组为单位,女生通过网上购物平台,为自己挑选一款职业套裙,向组员展示并说明理由。

第二步:男生对女生选择的职业套裙进行评分,并说明理由。

第三步:各个小组派代表上台进行展示,教师和全班同学投票,选出活动任务完成得最好的小组。

2. 礼仪观察员。

将生活中套裙穿着不规范的现象制作成PPT,上台向全班同学展示并讲解。

任务三 饰品礼仪

案例导入

看过电影《杜拉拉升职记》的人都会明白,在职场中,很多不经意的细节常常微妙地影响着我们在职场的发展。就个人服饰而言,职场上的各类佩饰,虽然大多小巧,却常常蕴含着丰富的意义。例如戒指,戴在不同的手指表达不同的含义,戒指的材质和大小也常常会引起他人的关注。一枚出挑的"鸽子蛋"大钻戒,对于职场里的领导层女性来说或许是权力地位的象征,但是如果普通白领戴上了,相信她周围的"空气"会变得很不一样。个人在职场上所佩戴的各类饰品是不可忽视的细节。

职场女士应关注的饰品礼仪还有哪些呢?

任务目标

1. 了解男士及女士常用饰品的种类。
2. 掌握各类饰品的佩戴礼仪。
3. 掌握用不同形状的丝巾打出各种花式的技巧。

相关知识

随着人们生活水平的不断提高,市面上出现的饰品种类越来越多,款式也越来越多样化,真可谓是琳琅满目。面对如此众多种类、款式多样的饰品,正确佩戴与搭配是不容忽视的问题。如果不管饰品的颜色、质地,不考虑个人的身材、肤色、年龄、性格、季节等因素,胡乱地在自己的身上挂一大堆饰品,这种"珠光宝气"不但不能增加个人的魅力,反而会给他人留下爱炫耀的印象。

常用的饰品除了首饰——耳环、戒指、项链、手链、脚链、手镯等之外,还包括墨镜、丝巾、胸饰、手表、腰带等。

一、佩戴饰品的基本原则

(一) 尊重传统习惯

佩戴各类饰品时,首先要尊重传统习惯。对其他民族或其他地区的不同风俗习惯,我们不要随意地去模仿,也不可自以为是地任意评价。

(二) 考虑场合

佩戴饰品应考虑不同场合的需要。在正式场合,佩戴饰品应以庄重、不影响工作为宜。当然,不同正式场合需要有所侧重,如参加正式的会议,就要选择朴素、简洁的饰品;如果参加正式的晚宴活动,雍容华贵的饰品与华丽的晚礼服相搭配就会相得益彰。另外,选择休闲场合佩戴的饰品时,宜以使人感到放松为原则;运动的时候,各种繁复的饰品只会碍手碍脚。

(三) 考虑个人因素

个人因素包括年龄、气质、性格、肤色、体形、性别、职业等。一般而言,年龄大的人多佩戴贵重、精致的饰品,要注重饰品的档次;年轻人佩戴的饰品更注重款式的新潮性。

佩戴的饰品应当与个人的气质相符。如文静型的女士就不要选择比较怪异、搞笑的饰品。

不同的职业对佩戴饰品有不同的要求,从业人员一定要严格遵守。例如,从事医疗、餐饮、食品加工的服务人员不适合戴戒指。

饰品的佩戴因性别不同而有很大的差异。男士一般可佩戴戒指、项链,而手链、脚链、手镯、耳环等,男士最好不要佩戴。女士比男士有更多的选择,但也要注意以三件为限,并非多多益善。

个人的体形也是不可忽视的影响佩戴饰品效果的因素。例如,脖子粗短的人不宜戴紧贴皮肤的项链;手指短粗的人不宜戴重而宽的戒指;脖子上有赘肉和褶皱的人不宜戴太有个性的项链;耳朵轮廓不好看的人不宜戴过于夸张的耳环。

(四) 佩戴饰品的数量不宜过多

一两件精致的饰品作为点缀和装饰是可以的,但如果同时佩戴多种饰品,从头部到脖子,从手到脚,到处是装饰的做法是不可取的。通常,佩戴的首饰不要超过三件,同一类别的首饰,除戒指外,最好不要超过两件。

(五) 色彩与风格协调

佩戴饰品的时候,要注意饰品与服装的色彩及风格协调。穿着正式的职业套裙时不要佩戴过于夸张的饰品,如骷髅形手链、蜘蛛形耳坠等,因为这两者的搭配实在是不协调;身着柔软、飘逸的丝绸衣裙的女士,佩戴精致、细巧的项链,就更显得妩媚动人;穿单色、素色服装的人可以佩戴有色泽的饰品,这种点缀方式往往会使服装显得丰富、活跃。

除了要考虑饰品与服装的色彩协调之外,还要考虑饰品之间的色彩协调。不同质地的饰品,其色彩也不尽相同。即使是同一种质地的饰品,色彩相同,还要考虑其风格是否统一。同为铂金饰品,有些比较新潮,有些比较保守;有些比较华贵,有些比较简约,所以要保持所佩戴饰品的风格协调,在佩戴前精心挑选是必要的。

(六)跟着季节走

在夏季佩戴的饰品以冷色系、简洁型为主,在冬季可以考虑佩戴暖色系的、繁复型的饰品。

二、不同饰品的佩戴礼仪

(一)戒指

戒指一般只戴在左手上,最好戴一枚。戒指通常不戴在拇指上。戴戒指时若需要同时戴手套,要将戒指戴入手套之内(新娘例外)。

戒指戴在不同的手指上有不同的寓意。一般来说,戒指戴在食指上表示目前无配偶、想结婚;戴在中指上表示本人正处在恋爱之中;戴在无名指上表示已订婚或结婚;戴在小指上则暗示自己是独身主义者。有些人觉得这并不重要,所以随意戴,但在涉外场合就不可随意戴戒指,因为在涉外场合,他人往往会根据你的戒指戴在哪个手指上来确定对你的称呼,这一点尤其要注意。

手指比较粗短的人不要戴宽厚的戒指,否则会显得手指更加粗短。在与别人谈话的时候,不宜抚弄自己的戒指,这会让他人感到你心不在焉或有炫耀之嫌。

(二)项链

项链,男女均可佩戴,男士佩戴的项链一般不要外露,也不要同时佩戴多条项链。女士也不宜同时佩戴多条项链(新娘除外)。链坠应与项链风格相协调;在正式场合佩戴的链坠造型不要过于怪异、恐怖。上班时佩戴的项链应以简洁明快的风格为主,参加宴会时则可佩戴高贵华丽的项链。

脖子粗短的人佩戴粗短的项链会让人有窒息之感,所以可选择细长的项链,使脖子有一种延伸感;脖子比较细长的人可以选择粗短的项链,这样可以适当地将脖子与胸部作一个分隔;瓜子脸的人可以佩戴短、细、秀气的项链,不宜佩戴宽大粗犷的项链;方脸形或圆脸形、体态丰腴者可以佩戴长项链。中长链尽量不要挂在领口边上,适合搭配大宽领的衣服;长链适合戴在衣服外面。在涉外场合,不要佩戴有猪、蛇等生肖坠子的项链,也不要佩戴有耶稣殉难像的十字架。

(三)耳饰

耳饰可以细分为三种不同的类型:耳钉、耳链、耳环。

在正式的商务活动中,耳饰仅限于女士成对地佩戴,当然,国外或少数民族的情况除外。在商务场合佩戴耳钉显得较为干练,长长的吊链式的耳饰则不适合与正式的职业套裙搭配。另外,在商务场合也不宜一只耳朵上同时戴好几种耳饰。

宽脸或脸较胖些的女士不宜戴大耳环;戴眼镜的女士不宜戴耳环,可以选择耳钉或耳链。

(四)手镯、手链

工作场合一般不提倡佩戴手镯,着便装或在休闲时可以佩戴手镯。手镯大多为女士佩戴,男士一般不宜佩戴手镯。手腕、手臂有明显伤疤者不宜佩戴手镯,因为这会突显伤疤。

手镯与手表不宜同时佩戴。

手链通常只戴在左手手腕上,且大多戴一条。手链与手镯、手表不要同时佩戴在同一手腕上。

(五)脚链

脚链比较适宜年轻女士在非正式场合佩戴,男士不宜佩戴脚链。小腿、脚部有明显伤疤者不宜佩戴脚链。

(六)墨镜

佩戴墨镜要考虑整体效果与场合。参加室内活动与人交谈时,不要佩戴墨镜,因为这会给人以"拒人于千里之外"的感觉;但如果是有眼疾需要佩戴墨镜,可以先向对方说明并表达歉意。在室外,参加隆重的礼仪活动时,也不宜佩戴墨镜。有些人喜欢将墨镜顶在头顶,如果是在休闲场合,这无可厚非,但若是以这样的方式去上班或参加正式的商务活动,那就不妥了。

(七)手表

商务人员选择手表时应注意:一是手表表型宜庄重保守、不花哨新奇,正圆形、椭圆形、正方形、长方形、菱形等表型都可以纳入选择范围;二是色彩不宜凌乱,单色、双色均可,金色、银色、黑色常常是最佳选择;三是以机械表为最佳;四是手表上除数字、商标、厂名、品牌外不要有其他的图案;五是手表的功能宜少而精;六是男式手表和女式手表是有区分的,不宜乱戴。

商务人员不宜佩戴的手表有以下几种:一是失效表,这种表只能给人以装腔作势之感;二是劣质表,这与商务人员"分秒必争""时间就是金钱"的理念格格不入;三是广告表;四是卡通式样的手表,其所体现的"童心未泯"的形象与商务人员的稳重、干练的形象实在相差太大;五是世界时区功能手表,对于常常在国内外"飞来飞去"的商务人员,世界时区功能手表正是必需之物,但如果你的工作范围根本就没有离开过某个市或某个区,佩戴这类手表会给人以好高骛远、不切实际之感;六是怀表,怀表一般与西装背心搭配,不要将怀表挂在脖子上、缠在手腕上,或揣在皮包里。

手表是每一位商务人员必须佩戴的。不戴手表、动不动就到公文包里找手机看时间的人会被他人误认为没有时间观念。因此,很多公司都要求员工戴手表上班。但是,若以为常常看手表就表明"时间观念比较强",那也未必。例如,与他人交谈时有意无意地看手表,透露的就是不耐烦、心不在焉等信息。

(八)胸针、领针

胸针是男女都可以佩戴的饰品。如果在单色服装上面适当地点缀一枚胸针,可以对整套服装起到一定的修饰美化作用。穿西装时,胸针应别在左侧领上;若穿着无领式上衣,则可别在左胸前。在工作中若要佩戴身份牌、单位证章、徽章等上岗的话,则不要同时佩戴胸针。

领针也是男女都可以佩戴的饰品。领针应别在西装左侧领上。不要将领针与胸针、纪念章、奖章、企业徽章等同时佩戴;不要佩戴具有广告作用的领针,更不要将领针别在右侧衣领、帽子、书包、围巾、裙摆、腰带或其他物品上。

(九)发饰

发饰是仅供女士佩戴的饰品。商务女士的发饰以朴实为主,不要佩戴过于花哨的头花、头带、发卡等发饰。为了塑造商务人员精干、稳重的形象,女士不宜披头散发,选择适当的发饰将头发束起来或盘起来是常规的做法。

(十)皮包、皮夹

选择皮包前应先明确各类包的用途。皮包颜色应与服装相协调,最好是与皮鞋颜色一致。皮包的使用要与性别、年龄、身高相协调。在正式场合使用皮包时要做到:"内容"精少、分类摆放、位置准确。有些女士的皮包里装了一堆零食、一大堆化妆品,可就是找不到名片、钢笔等工作所需物品,这是不够敬业的表现。使用皮包时应做到不乱拿、不乱放、不乱用,拜访客户时个人的皮包要按主人的要求放置,或放在自己就座的椅子旁边的地上。不要因为资料比较多,就背一个皮包、挎一个皮包,手上还要再提一个皮包,同时带着多只皮包容易给人以"不堪重负"的感觉。

皮夹宜放在皮包包内或西装左内侧口袋内。

(十一) 皮带

皮带种类五花八门,从材质上讲,有皮的、布的、革的、珠链的,等等;从作用上讲,皮带已从过去的束裤的作用发展到今天的以装饰为主要作用。

使用皮带的小技巧如下。身材过于瘦高者,可以用较显眼的皮带,对上下身进行一个间隔,从视觉上增加横向宽度;上身长、下身短者,可以适当提高皮带的位置;过于矮胖者,要避免使用大的、宽的皮带,皮带的环扣不宜花样太多。

适合正式商务场合的皮带以真皮为佳;皮带的颜色以深色、单色为首选,黑色、棕色最佳。另外,应注意保持皮鞋、皮带、皮包颜色的一致性,不要在皮带上悬挂其他物品,皮带的环扣不宜过于夸张。在出门前要仔细检查皮带是否已穿入每一个襻带,不要在公共场合或当着他人的面移动、放松或勒紧皮带。

(十二) 丝巾

1. 丝巾的搭配

丝巾具有美化、修饰的功能。素净的衣服搭配艳丽的丝巾,厚重的衣服可以搭配轻柔的丝巾,但是轻柔的衣服却不适合搭配厚重的围巾。一般用来搭配正式套裙的丝巾大多是真丝面料或麻料。

2. 丝巾的打法

如果掌握了丝巾的不同打法,即使是搭配同一套套裙,也往往能给人以不同的感觉。

(1) 款式一的打法如下(如图1-10所示)。

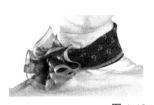

图1-10 款式一

第一步:将丝巾折出细条的皱褶。
第二步:将丝巾系在脖子上并打一个活结(分两次打)。
第三步:将丝巾尾部整理成漂亮的花形。

第四步:调整定型。

(2) 款式二的打法如下(如图1-11所示)。

图1-11 款式二

第一步:将长丝巾对折后再次对折,保持适当宽度。

第二步:将丝巾系在脖子上打个活结,将短的一边向着反方向做成环状。

第三步:再将丝巾另一边绕过这个环,将这一边丝巾的中间部分从上面穿过去,系成蝴蝶结,将蝴蝶结的一边展开并整理成花朵状。

第四步:将蝴蝶结的另一边也整理成花朵状,将两朵"花"仔细整理成漂亮的形状,再将其移至颈侧,将丝巾长的一端搭到肩后去。

(3) 款式三的打法如下(如图1-12所示)。

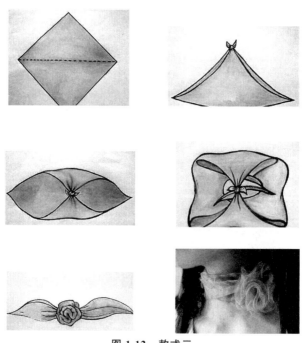

图1-12 款式三

第一步：将方形丝巾对折。

第二步：把其中相对的两个角打结。

第三步：将打好的结放在上面，将整块丝巾平放。

第四步：将剩下的另外两个角置于之前的结下交叉，并且旋转。这一步非常关键，要注意，旋转的圈数越多，最后的"花瓣"的层数就会越多。

第五步：把旋转后的两个角从结上捏住，把结往下推，整理顶端后，便自然形成一朵漂亮的"玫瑰花"。

第六步：将带有"玫瑰花"的丝巾系在脖子上并调整位置。

（十三）帽子

在正式的商务场合，佩戴的帽子不宜过于夸张，且应与衣着相协调。和他人见面时，戴帽者应脱帽向对方致意。不过在公共场所，对女士的限制要少一些，可以不脱帽。进入房间后，无论男女，都应摘除帽子，可将帽子挂在衣帽间或拿在手中。向他人问路时，无论是否得到回答，都应向对方脱帽行礼，以表谢意。如果向陌生女士道谢、致歉，可以轻抬帽子表示。当他人向与你同行的女士打招呼时，你也可以轻抬帽子向对方表示敬意。

帽子的式样较多，在选择时应考虑脸形、身材、年龄、职业与身份，以及与服装的搭配。圆脸及宽脸者宜戴棒球帽，不宜戴圆顶和高沿阔边的帽子；尖脸形和长脸形者宜戴圆帽，不宜戴棒球帽或高筒帽。身材高大者选用的帽型宜大不宜小；身材瘦小者选用的帽型宜小不宜大。高个子不宜戴高筒帽；矮个子不宜戴阔沿帽。穿礼服时可以戴礼帽，不能戴棒球帽，更不能戴遮阳帽；穿中山装时宜戴圆顶帽；穿夹克衫时可戴贝雷帽。

（十四）手套

佩戴手套时要注意：与他人握手时应摘除手套，但是女士佩戴的装饰性手套可以不摘除。进入房间后，一般要摘除手套。进餐前，要摘除手套，戴着手套进餐，一则使用餐具不便，二则可能使他人感到不适。

（十五）钢笔

商务人员应当随身携带一支钢笔。钢笔应放置于公文包内，不要为了图省事，将钢笔别在西装左胸外侧上衣口袋上，更不要将其夹在耳朵上或随手把玩。

📝 课堂实训

技能题

1. 以小组为单位，练习丝巾的打法，要求每位同学至少掌握1～2种丝巾的打法。教师选派部分小组成员上台展示打丝巾的过程。

2. 通过网上搜索，查找一种新的丝巾打法，在熟练掌握后，上台展示并详细介绍具体的操作过程。

项目二
形象礼仪

　　形象礼仪包括两个方面：一方面是个人的体态礼仪，另一方面是个人的妆容礼仪。形象美是自然美、修饰美、内在美三个方面的高度统一。这里的体态是指符合礼仪要求的体态，包括人的举止、神态、表情等。妆容是个人形象的重要组成部分，妆容美要求商务人员根据活动场合进行恰当的修饰，从而达到淡妆浓抹总相宜的效果。

任务一 体态礼仪

案例导入

中国一家医疗机械厂准备从美国引进一套生产"大输液管"的新设备,双方经过艰难的谈判,美方代表约瑟先生终于被中方企业代表范厂长的诚意所感动,同意以较低的价格成交。签约后,范厂长邀请美方代表来厂参观,约瑟先生看到整个车间井然有序,非常满意。突然,范厂长感到自己的嗓子里好像有异物,他咳嗽了一声并赶紧跑向车间一角,吐了一口痰,并用鞋底擦了擦地板。看到此情景,约瑟先生快速走出车间,全然不顾范厂长的竭力挽留。

第二天,美方代表翻译人员送来约瑟给范厂长的一封信:"尊敬的范先生,我很钦佩您的才智与精明,但您在车间里吐痰的一幕始终让我无法接受。一个厂长的卫生习惯可以反映一个工厂的管理素质,何况你们要生产的是治病用的输液管……"

任务目标

1. 掌握训练个人良好体态的具体方法与技巧。
2. 掌握符合礼仪规范的站、坐、行、蹲姿态,并逐步形成为个人习惯。
3. 掌握常用手势的使用礼仪。

相关知识

体态是指人的行为动作和表情,主要包括站姿、坐姿、行姿、蹲姿、手势和表情等。体态不仅能体现一个人的礼仪修养、文化水平和自制能力,而且还能表现人的思想感情以及对外界的反应。

一、站姿

站姿是指人的双腿在直立静止状态下所呈现出的姿势。站姿是走姿和坐姿的基础,一个人想要表现出得体雅致的姿态,首先要从规范的站姿开始。

（一）女士的站姿

女士的基本站姿:头正、肩平、臂垂、躯挺、大小腿并拢,脚呈丁字位,两眼平视前方,嘴微闭,下颌微收,脖颈挺直,表情自然,面带微笑,两肩微微放松并稍向后下沉,两臂在腹前交叉,用大拇指抵住肚脐眼儿,右手在上,左手在下,右手与左手相握,挺胸、收腹,臀部向内向上收紧,如图2-1所示。

（二）男士的站姿

男士的基本站姿:头正、肩平、臂垂、躯挺、大小腿并拢,两

图2-1 女士的基本站姿

眼平视前方,嘴微闭,下颌微收,脖颈挺直,表情自然,面带微笑,两肩微微放松并稍向后下沉,两臂自然下垂,中指对准裤缝,挺胸、收腹,臀部向内向上收紧,两腿立直、贴紧,两脚跟靠拢,两脚尖向外分开,呈45度至60度夹角,如图2-2所示。

男士的站姿也可以根据个人的工作需求以及习惯有所调整,如体前交叉站姿或体后交叉站姿。体前交叉站姿:挺胸直立,平视前方,双腿适度并拢,双手在腹前交叉,右手握住左手腕部,如图2-3所示。体后交叉站姿(又称双手背后站姿):挺胸收腹,两手在身后交叉,右手搭在左手腕部,两手心向上收,如图2-4所示。

图 2-2　男士的基本站姿　　　图 2-3　男士的体前交叉站姿　　　图 2-4　男士的体后交叉站姿

(三)站姿禁忌

(1)在正式场合,不可弯腰驼背、东倒西歪、耸肩或靠在墙上或其他物体上。

(2)在正式场合,不可两腿交叉站立,给人以站不直和十分慵懒、散漫的感觉。

(3)在正式场合,要注意控制个人手部的动作:不可叉腰(含有进犯之意),不可叉抱胸前(有消极之嫌),不可插入衣袋或裤袋(显得拘谨小气),不可玩弄小物品。

二、坐姿

坐,是一种静态造型。端庄优美的坐姿,会给人以文雅、稳重、自然大方的感觉。

(一)女士的坐姿

1. 标准式坐姿

上身挺直,双肩正平,两臂自然弯曲,两手交叉叠放在两腿中部,并靠近小腹。两膝并拢,小腿垂直于地面,两脚尖朝正前方,坐整个椅子的三分之二。着裙装的女士在入座时要用双手将裙摆内拢,以防裙子被压出褶皱或使腿部裸露过多,如图2-5所示。

2. 前伸式坐姿

在标准式坐姿的基础上,两小腿向前伸出一脚的距离,脚尖不要翘起,如图2-6所示。

3. 屈直式坐姿

右脚前伸,左小腿屈回,大腿靠紧,两脚前脚掌着地并在一条直线上,如图2-7所示。

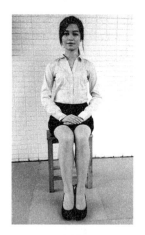
图2-5　女士的标准式坐姿

图2-6　女士的前伸式坐姿

图2-7　女士的屈直式坐姿

4. 侧点式坐姿

两脚左(右)侧点地,脚跟自然抬起,上身挺直,目视前方,面带微笑,如图2-8所示。

5. 侧挂式坐姿

右脚右侧点地,左脚靠住右脚的脚踝,反方向同样操作,上身挺直,目视前方,面带微笑,如图2-9所示。

6. 重叠式坐姿

左转45°角,右脚向右迈,左腿搭在右腿上,左脚尖紧贴右小腿,上身挺直,目视前方,面带微笑,如图2-10所示。

图2-8　女士的侧点式坐姿

图2-9　女士的侧挂式坐姿

图2-10　女士的重叠式坐姿

(二)男士的坐姿

1. 标准式坐姿

上身挺直,双肩正平,两手自然放在两腿或座椅扶手上,双膝并拢,小腿垂直于地面,两脚自然分开,呈45度角,如图2-11所示。

2．前伸式坐姿

在标准式坐姿的基础上,一只脚向前伸出一脚的长度,这是对标准式坐姿的调整,如图2-12所示。

3．后点式坐姿

在前伸式坐姿的基础上,将后面的一只脚往后收缩,并且把脚跟抬起来,双手自然地放在两腿上,目视前方,如图2-13所示。

图2-11 男士的标准式坐姿

图2-12 男士的前伸式坐姿

图2-13 男士的后点式坐姿

4．开关式坐姿

在标准式坐姿的基础上,左右脚打开,宽度比肩略窄,双手自然地放在两腿上,目视前方,如图2-14所示。

5．重叠式坐姿

左腿搭在右腿上,左脚尖往下压,双手自然放在两腿上,目视前方,如图2-15所示。

图2-14 男士的开关式坐姿

图2-15 男士的重叠式坐姿

(三) 坐姿禁忌

1. 双腿叉开

双腿如果叉开太大,无论大腿叉开还是小腿叉开,都非常不雅观。女士穿裙装时尤其不能忽视这一点。

2. 架腿留空

忌把一条小腿架在另一条大腿上,两腿之间留出大大的空隙,既不美观又显得过于无礼。

3. 双腿直伸

身前如果有桌子,双腿尽量不要伸到外面来,那样既不雅观又妨碍别人。

4. 把腿放在桌椅上

把腿架在高处,甚至抬到身前的桌子或椅子上,这样的行为过于粗鲁,显得没有素质。

5. 不停抖腿

坐在座位上不停地抖动或摇晃腿,不仅让人心烦意乱,也会给人以不成熟稳重的印象。

6. 蹬踏他物

坐下后,脚应放在地上,忌用脚乱蹬乱踩其他物品,例如脚踩在桌子边沿上。

7. 脱鞋袜

在他人面前就座时脱鞋袜是非常不文明的举动。

8. 触摸小腿或脚部

就座以后用手抚摸小腿或脚部,既不卫生又不雅观。

9. 双手乱放

就座后,双手应放在身前,面前有桌子时应放在桌上。不可单手、双手放在桌下,不可双肘支在面前的桌子上,不可双手夹在双腿间。

10. 双手抱腿

双手抱腿是一种惬意、放松时的一种坐姿,不适宜正式场合。

11. 上身乱趴

坐定后,上身不要前倾、后仰、歪向一边等。

12. 翘二郎腿

坐在座位上,跷起二郎腿并摇动,会给人以傲慢和过于随意的印象。

三、行姿

行姿即走路时的姿态,是站姿的延续动作,展示了人的动态美。无论是在日常生活中,还是在社交场合,行姿往往是引人注目的身体语言,也最能表现一个人的风度和活力。

(一) 基本行姿要求

头要抬起,目光平视前方,收颌,表情自然平和,双臂自然下垂,手掌心向内,手臂以身体为中心前后自然摆动,手臂与身体的夹角一般在 10 度至 15 度。上身挺拔,腿部伸直,收腹立腰,重心稍前倾。脚步要轻并且富有弹性和节奏感,步幅与腿的长度相适宜,男士步幅应在 50 厘米左右,女士步幅应在 30 厘米左右。女士在行走时,两脚的脚后跟尽可能踩在同一条线上,且跨步要均匀、轻盈、稳健;男士在行走时,两只脚踩出的是两条平行线,如图 2-16 所示。

图 2-16　女士和男士的基本行姿

（二）行姿禁忌

行走的速度应当保持均匀、平稳，不要忽快忽慢；行走中脚后跟不要拖地；不要迈八字步，不要低头驼背；不要摇晃肩膀；不要扭腰摆臀、左顾右盼；步幅不宜过大，也不宜过小；多人一起行走时不要排成横队，要尽量靠右行走。

四、蹲姿

在日常生活中，如果有东西掉在地上，人们一般是弯腰或下蹲将其捡起，在很多场合采用弯腰捡东西的姿势是不文雅的，而宜采用下蹲的姿势。在下蹲时，动作应迅速，蹲姿应美观、大方、自然、得体，不遮遮掩掩，两腿合力支撑身体，避免滑倒。若用右手捡东西，可以先走到东西的左边，右脚向后退半步后再蹲下来，下蹲时，应使头、胸、膝关节在一个平面上，脊背保持挺直，臀部一定要蹲下来，避免弯腰翘臀的姿势。男士两腿间可留有适当的缝隙，女士则要两腿并紧，臀部向下，穿旗袍或短裙时需更加留意，以免出现尴尬的情况。

（一）交叉式蹲姿

下蹲时左脚在前，右脚在后，左小腿垂直于地面，全脚着地。右膝由后面伸向左侧。两腿靠紧，合力支撑身体。臀部向下，上身稍前倾，这一蹲姿女士常用，如图 2-17 所示。

（二）高低式蹲姿

下蹲时左脚在前，右脚稍后，两腿靠紧向下蹲。左脚全脚着地，小腿基本垂直于地面，右脚脚跟抬起，脚掌着地。右膝低于左膝，右膝内侧靠于左小腿内侧，形成左膝高右膝低的姿态，臀部向下。男士的高低式蹲姿与女士的高低式蹲姿略有不同，即双腿可略微打开。如图

2-18 和图 2-19 所示。

图 2-17　女士的交叉式蹲姿　　　图 2-18　女士的高低式蹲姿　　　图 2-19　男士的高低式蹲姿

（三）蹲姿禁忌

（1）弯腰捡拾物品时，两腿叉开，臀部向后撅起，这是不雅观的蹲姿。

（2）两腿分开平衡下蹲，这样的蹲姿也不优雅。

五、手势

手势是传情达意的有力手段，正确适当地运用手势，可以增强感情的表达。手势是商务交往中必不可少的一种体态语言，有的商务人员在正式场合表现出的手势运用不规范、不明确，动作不协调、寓意含糊等，容易给他人留下漫不经心、不认真、素质不高等印象。

（一）不同手势的含义

"O"形手势。"O"形手势在一些国家表示"OK"，在一些国家表示"零"或"没有"，等等。

跷大拇指手势。在一些国家，跷大拇指代表搭车，但如果大拇指急剧上跷，则是侮辱人的信号；在一些国家，跷大拇指是积极的信号，表示高度的赞扬。

"V"形手势。在一些国家，"V"形手势表示胜利；在一些国家，手心向内的"V"形手势则是一种侮辱人的信号；在一些国家，"V"形手势也可以表示数字"2"。

所以，使用手势时一定要注意所处国家或地区的文化差异。

（二）使用手势的禁忌

（1）在交往中，手势不宜过多，动作不宜过大，切忌"指手画脚"和"手舞足蹈"。

（2）在交往中，伸出食指向对方指指点点是很不礼貌的举动。这个手势表示对对方的轻蔑与指责。更不可将手举高，用食指指向别人的脸。

（3）在陌生的场合或不熟悉的人面前轻易地捻指，会使人觉得没有教养。它所表示的意义比较复杂，有时表示高兴，有时表示对所说的内容感兴趣或完全赞同，有时则被视为轻浮的动作。总之，这是一种很随便的手势，慎用为好。

（4）在商务场合，在他人面前掏耳朵、抠鼻子、剔牙、挠痒痒等都会给人一种极不卫生的感觉，双手乱摸、乱举、乱放或咬指甲、折衣角、扯领带等举动也会给人留下不稳重、不自信的印象。

六、表情

表情是指一个人的喜怒哀乐等内心情感通过面部肌肉的运动所呈现出来的感觉。据统计,一个人的总体形象由7%的语言＋38%的语调语速＋55%的表情和动作所决定。我们在与他人沟通交流的时候,不仅要用嘴去说、用耳朵去听,还要学会用自己的表情动作去"说"、用眼睛去"听"。

（一）眼神的运用

眼神是心灵的"窗户",是展示心理活动、传递信息和思想的媒介。对不同的人,可通过眼神展现不同的内容：在长辈面前,目光应略微向下,显得恭敬谦虚；在晚辈面前,目光应和善、慈爱；在朋友面前,目光应热情坦荡,表现出真诚和友爱；在社交场合交谈时,目光要坦然、温和、大方、亲切,正视对方的两眼与嘴部形成的三角区,表示对对方的尊重,但正视的时间不可太长,因为长时间正视对方,会让对方感到紧张；面对熟人、朋友、同事时,可以用从容的目光来表达问候、征求意见,这时目光可以多停留一些时间。与人对视时,切忌迅速移开,以防给人留下冷漠、傲慢的印象。对方缄默不语时,不应再凝视对方。

在与人交谈时,应当不断地通过眼神与对方交流,调整交谈的气氛。交谈中,应始终保持目光的接触,以表示对话题很感兴趣。长时间回避对方目光且左顾右盼,是不感兴趣的表示。应当注意的是,交流中的注视,绝不是把瞳孔的焦距收束,紧紧盯住对方的眼睛,紧盯对方是失礼的,会使对方感到尴尬。交谈时正确的做法应当是自始至终都在注视对方,但注视并非紧盯。瞳孔的焦距要呈散射状态,用目光笼罩对方的面部,同时应当辅以真挚、热诚的面部表情。交谈中,随着话题、内容的变换,应做出及时恰当的反映：或喜或惊、或微笑或沉思、或用目光流露出会意,使整个交谈融洽、和谐、生动、有趣。交谈和会见结束时,目光要抬起,表示谈话的结束。道别时,应注视着对方的眼睛,面部表现出惜别的感情。

1. 注视的范围

公务型视区（额中至双眼部）。这是商务人员在洽谈业务、贸易谈判或者磋商问题时所注视的一个区域。这个区域是以两眼为底线,额中为顶角形成的一个三角形区域。在公务交谈时,如果你看着对方的这个区域就会显得严肃认真,对方也会觉得你有诚意；在交谈时,如果将目光总是落在这个区域,将有助于把握谈话的主动权和控制权。

社交型视区（双眼至下颌）。这是人们在社交场合所注视的一个区域。这个区域是以两眼为底线,唇心为下顶点所形成的倒三角形区域。和他人谈话时,注视着对方的这个区域,能给人一种平等而轻松的感觉,可营造出一种良好的社交气氛。

亲密型视区（双眼至前胸）。这是亲人、恋人之间相互注视的一个区域。这个区域位于双眼到胸部之间。注视对方这个区域往往带有亲昵和爱恋的感情色彩。

2. 注视的时间和含义

表示友好。向对方表示友好时,应不时地注视对方,注视对方的时间约占全部相处时间的1/3左右。

表示重视。向对方表示关注,应常常把目光投向对方,注视对方的时间约占全部相处时间的2/3。

表示轻视。目光时常游离,注视对方的时间不到全部相处时间的1/3,就意味着轻视。

表示敌意。目光始终盯在对方身上,注视对方的时间占全部相处的2/3以上,被视为有敌意,或有寻衅滋事的嫌疑。

表示感兴趣。目光始终盯在对方身上,偶尔离开一下,或注视对方的时间占全部相处时间的2/3以上,表示对对方较感兴趣。

3. 注视的方式

在社交场合注视他人的方式有多种。其中,最常见的方式有以下几种。

直视。即直接地注视对方,它表示认真、尊重,适用于各种情况。若直视他人双眼,即为对视。对视表明自己大方、坦诚,或关注对方。

凝视。它是直视的一种特殊情况,即全神贯注地注视。它多用以表示专注、恭敬。

虚视。它是相对于凝视而言的一种直视,其特点是目光不聚焦于某处,眼神不集中。它多表示胆怯、疑虑、走神、疲乏,或失意、无聊。

盯视。即目不转睛,长时间地凝视对方的某一部位。它表示出神或挑衅等,故不宜多用。

扫视。即视线移来移去,上下左右反复打量对方。它表示好奇、吃惊等。亦不可多用,尤其对异性应忌用。

睨视。又叫睥视,即斜着眼睛注视。它多表示怀疑、轻视,一般应当忌用。与初识之人交往时,尤其应当忌用。

眯视。即眯着眼睛注视。它表示惊奇、看不清楚。

环视。即有节奏地注视不同的人或事物。它表示认真、重视。适用于同时与多人打交道,表示自己一视同仁。

他视。即不注视对方,反而望着别处。它表示胆怯、害羞、心虚、反感、心不在焉,一般不宜采用。

无视。又叫闭视,即闭上双眼不看对方。它表示疲倦、反感、生气、无聊或者没有兴趣。它给人的感觉往往是不太友好,甚至会被理解为厌烦、拒绝。

在掌握并正确运用目光语言的同时,还应当学会"阅读"对方的目光语言。从对方的目光变化中,分析对方的内心活动和意向。随着交谈内容的变化,如果对方的目光和表情和谐地统一,表示很感兴趣,思想专注,谈兴正浓。对方的目光长时间地中止接触,或游移不定,表示对交谈不感兴趣,所以应当尽快结束交谈。交谈中,目光斜视,表示鄙夷;目光紧盯,表示疑惑;瞪大眼睛,表示吃惊。目光语言是千变万化的,但都是内心情感的流露。学会"阅读"目光语言,对于社交活动的顺利进行有着重要意义。

(二) 微笑的把握

笑可分为三种:第一种是哈哈大笑,哈哈大笑时,嘴巴张得较大,上牙和下牙均露出,并发出"哈哈"的笑声;第二种是轻笑,轻笑时,嘴巴略微张开,一般下牙不露出,并发出轻微的笑声;第三种是微笑,微笑时,嘴巴不张开,上、下牙均不露出,也不发出笑声,是一种笑不露齿的笑,仅仅是脸部肌肉的运动。微笑是人类最美好的语言,微笑的力量是巨大的,有人把微笑比作全世界通用的"货币",因为它易被所有人所接受。微笑可以表现出温馨、亲切的表情,能有效地缩短沟通双方的距离,给对方留下美好的心理感受,从而形成融洽的交往氛围。微笑是自信的象征,是礼貌的表示,是心理健康的标志。在各种场合恰当地运用微笑,可以起到传递情感、沟通心声的积极作用。在与人交流时,我们可以在开口之前先以微笑示好。

1. 微笑的技巧

(1) 微笑时应做到口、眼、鼻、眉、肌肉结合,发自内心地微笑,这时的微笑会自然调动人的五官,使眼睛略眯、眉毛上扬、鼻翼张开、脸部肌肉收拢、嘴角上翘。仪表举止与微笑和谐一致,将从外表上达到完美统一的效果。

(2) 把握微笑的时机。什么时候微笑是至关重要的。与对方目光接触的瞬间展现微笑,能表达友好的情谊。但在特别严肃的场合,不宜微笑;当别人做错事、说错话时,不宜微笑;当别人心情悲痛时,不宜微笑。

(3) 把握微笑的层次变化。在整个交往过程中,微笑的程度要有所变化。在整个过程中需要保持微笑,但要有收有放。微笑的程度有很多层次,有浅浅一笑、眼中含笑,也有热情的微笑、开朗的微笑。在什么时候用什么样的微笑,我们无法制定具体的标准,要根据交往过程中的交流情况和个人特点自然地、适时地变化。

(4) 注意微笑保持的时间。微笑保持的最佳时间以不超过大约3秒钟为宜,时间过长会给人以假笑的感觉。微笑的启动和收拢动作要自然,切忌突然用力启动和突然收拢。

2. 微笑的禁忌

不要缺乏诚意、强装笑脸;不要露出笑容后随即收起;不要把微笑只留给上级、朋友等少数人;不要在对方伤心难过时微笑。

(三) 其他表情

1. 嘴唇

嘴唇闭拢,表示和谐宁静、端庄自然;嘴角向上,表示善意、礼貌、喜悦之意,让对方感到真诚、善解人意;嘴唇噘着,一般表示生气、不满意;嘴唇紧绷,一般表示愤怒、对抗或者决心已定。

2. 下巴

用下巴和颌部来指使他人,是骄横、傲慢和强烈自我主张的表现;用力缩下巴,表示畏惧和驯服的意思;抚摸下巴,往往是为了掩饰不安、话不投机的尴尬场面,然而与面部积极的表情相配合时,也可以解释为自得和胸有成竹之意。

3. 头部

头部微微侧向一旁:将头从一侧略略倾斜到另一侧,基本含义是"关注",这说明对谈话很感兴趣,正在聚精会神地听。结合面部表情的不同,可表达"感兴趣""怀疑"两种意思。

低头:对对方的谈话不感兴趣或持否定态度,在商务交往中应少用,有时也表示顺从、羞涩、内疚、沉思等。

头一摆:一般是告诉对方"赶快走"的意思。

摇头晃脑:一般表示唯我独尊。

身体直立,头部端正:表现的是自信、正派、诚信和精神旺盛,这种姿态是商务交往中的首选。

课堂实训

一、技能题

1. 站姿、走姿、坐姿、表情训练。

以小组为单位,各组在礼仪实训室对照镜子(也可以学生两两相对)进行训练,各组内成员之间互相点评并调整,最后上台进行展示。

(1) 站姿训练。

背靠背站立:两人一组。要求两人脚跟、小腿、臀、双肩、后脑枕部相互贴紧。

靠墙练习:要求脚后跟、小腿、后脑枕部均紧靠墙。

以上两种方法训练至少15分钟以上,可以配合音乐进行,减轻训练的疲劳感。

(2)走姿训练。

训练走直线,在地面上绷直一条较长的色彩鲜艳的带子,要求行走时双脚内侧落到带子上。

训练停顿、拐弯、侧行、后退步捡取物品等(结合走姿与蹲姿)。

在进行走姿训练的时候可以配合音乐,并进行摄像,然后播放录像,使学生了解自己的步态,便于修正。

(3)坐姿训练。

男女分组,再按10人一小组分成若干组在实训室进行坐姿训练。

坐姿训练每次不少于15分钟,可配合音乐,减轻疲劳感。

(4)表情训练(微笑、目光)。

面对镜子(也可利用手机的自拍功能),选取个人最佳的微笑状态并训练固化。

2. 礼仪操设计。

以小组为单位排练礼仪操,并录制成小视频在课堂展示,老师进行点评并选出最佳礼仪操表演小组。

二、案例题

请结合案例分析体态礼仪的重要性。

案例一:

飞机起飞前,一位乘客请空姐给他倒一杯水吃药,空姐很有礼貌地说:"先生,为了您的安全,请稍等片刻,等飞机进入平衡飞行状态后,我会立刻把水给您送过来,好吗?"

15分钟后,飞机早已进入平衡飞行状态。突然,乘客服务铃急促地响了起来,空姐猛然意识到:由于太忙,她忘记给那位乘客倒水了。当空姐来到客舱,看见按响服务铃的果然是刚才那位乘客,她小心翼翼地把水送到那位乘客眼前,微笑着说:"先生,实在对不起,由于我的疏忽,延误了您吃药的时间,我感到非常抱歉。"这位乘客抬起左手,指着手表说道:"怎么回事,有你这样服务的吗?你看看,都过了多久了?"空姐手里端着水,心里感到很委屈,但是,无论她怎么解释,这位挑剔的乘客都不肯原谅她。

接下来的飞行途中,为了弥补自己的过失,每次去客舱给乘客服务时,空姐都会特意走到那位乘客面前,面带微笑地询问他是否需要水或者别的什么帮助。然而,那位乘客余怒未消,摆出不合作的样子,并不理会空姐。

到达目的地前,那位乘客要求空姐把留言本给他送过去,很显然,他要投诉这名空姐,此时空姐心里很委屈,但是她仍然不失礼貌,而且面带微笑地说道:"先生,请允许我再次向您表示真诚的歉意,无论您提出什么意见,我都会欣然接受您的批评!"那位乘客脸色一紧,好像想要说什么,可是没有开口,他接过留言本,开始在本子上写了起来。

等到飞机安全降落,所有的乘客陆续离开后,空姐本以为这下完了,没想到,等她打开留言本,却惊奇地发现,那位乘客在本子上写下的并不是投诉内容,相反,这是一封热情洋溢的表扬信。

是什么使得这位挑剔的乘客最终放弃了投诉呢?在信中,空姐读到这样一句话:"在整个过程中,你表现出的真诚的歉意,特别是你的十二次微笑深深地打动了我,使我最终决定将投诉信写成表扬信!你的服务质量很高,如果有机会,我还会乘坐你们的航班。"

案例二:

某日华灯初上,一家饭店的餐厅里客人满座,服务员来回穿梭于餐桌和厨房之间,一派忙碌景象。这时一位服务员跑去向餐厅经理汇报,说客人投诉有盘菜中的蛤蜊不新鲜,吃起来有异味。

这位餐厅经理自信自己颇有处理问题的本领和经验,于是不慌不忙地向投诉人的餐桌走去。一看,那不是老顾客张经理吗!他不禁心中有了底,于是迎上前去一阵寒暄:"张经理,今天是什么风把您给吹来了,是蛤蜊不大对胃口吗?……"这时张经理打断他说:"并非对不对胃口,而是我请来的香港客人尝了蛤蜊后马上讲这道菜千万不能吃,有异味,吃了非出毛病不可!我可是东道主,自然要向你们提意见。"餐厅经理接着面带微笑,向张经理进行解释,蛤蜊不是鲜货,虽然味道有些不纯正,但吃了不会要紧的,希望他和其余客人谅解包涵。

不料此时,在座的那位香港客人突然站起来,用手指指着餐厅经理说:"你还笑得出来,我们拉肚子怎么办?你应该负责任,不光是为我们配药、支付治疗费而已。"这突如其来的兴师问罪,使餐厅经理一下子怔住了!他脸上的微笑一下子变成了哭笑不得。到了这步田地,他揣摩着如何下台阶。他想,总不能让客人误会刚才我面带微笑的用意吧,又何况微笑服务是饭店员工首先应该做到的。于是他仍旧微笑着准备再做一些解释。不料,这次的微笑惹得那位香港客人更加恼火,甚至于流露出想动手的架势。幸亏张经理及时拉了一下餐厅经理的衣角,示意他赶快离开现场,否则简直难以收场了。

任务二　妆容礼仪

案例导入

一天,黄先生与两位好友小聚,来到某酒店。接待他们的是一位五官清秀的服务员,这位服务员接待服务工作做得很好,可是她面无血色,显得无精打采。黄先生一看到她就觉得心情欠佳,仔细留意才发现,这位服务员没有化工作妆,在餐厅昏黄的灯光下显得有些病态。上菜时,黄先生突然看到传菜员涂的指甲油缺了一块,他的第一个反应就是"是不是掉到菜里了"。但为了不惊扰其他客人用餐,黄先生没有说出来。用餐结束后,黄先生召唤服务员结账,而服务员却一直对着反光玻璃墙面修饰自己的妆容,丝毫没注意到黄先生的需要。自此以后,黄先生再也没有去过这家酒店。

任务目标

1. 掌握工作妆的化妆过程及化妆技巧。
2. 掌握适合不同场合的几种简洁盘发技巧。

相关知识

仪容反映了一个人的精神面貌、朝气和活力,是传达给他人的最直接、最生动的第一信息,对个人形象的塑造至关重要。

一、个人基本仪容修饰

(一) 头发

(1) 每天应进行数次头发梳理,这样不仅能保持发型整齐,而且还有益于健康。

（2）根据自己的发质状况决定洗发的频率，一般不应超过三天。

（3）在商务场合，男士的头发不能长于七厘米，应半个月左右理一次发；女士可根据个人情况而定，但不能理寸头。

（4）根据自己的脸形、身材、年龄、职业等选择发型。

（二）手

手被称为人的"第二张脸"，在社交活动中，手与人、物的接触十分频繁，如送文件、打手势、握手、接电话等，手在日常交往中起着很重要的作用，因此应重视对手部的修饰、保养。

（1）勤洗手，及时将污物、灰尘等洗掉，洗手后最好涂护手霜，这样既保持了手的卫生，又对手起到了保养作用。

（2）勤剪指甲，保持指甲平滑光洁，指甲缝中不能有污物。修剪指甲时，可根据指甲的自然状态以及个人的爱好修剪成圆形、方形等。

（3）女士手臂上汗毛过浓、过长时应采取适当的方法进行脱毛。

（三）腿、脚

（1）保持脚部的卫生，袜子要勤洗勤换，保证无异味。

（2）脚指甲要勤修剪，脚部要适时去除死皮。

（3）在正式场合，男士不可穿短裤和露出腿部；女士如果腿部汗毛过长、过密时，也应事先采取适当的方法进行脱毛。

二、化妆

化妆是对容貌的修饰，表示对他人的尊重。选择适当的化妆品和与自己气质、脸形、年龄等相符的妆容，能让人看起来整洁端庄，增添个人魅力。恰到好处的化妆，可以充分展示自己容貌上的优点，同时也可以表达出对他人的尊重以及对活动的重视。在商务场合，女士应根据具体活动的不同，给自己选择合适的妆容。

工作妆，应明朗和淡雅，自然的淡妆就非常得体。

宴会妆，应高雅大方，色彩要与衣服相配，但妆不宜过浓，否则会反客为主。为了不妨碍享受美食，唇妆需格外费心。

舞会妆。参加舞会时，不仅要化妆，而且一般要化浓妆，发型可精致些。

（一）化妆品的分类及化妆工具

按使用目的，化妆品可以分为清洁、护肤、美容三大类。清洁类化妆品：用于清洁皮肤、毛发的化妆品，如清洁霜、洗面奶、卸妆液等。护肤类化妆品：用于化妆前对皮肤进行基础护理的化妆品，如各种面霜、乳液、化妆水、润肤露、面膜等。美容类化妆品：用于美化面部及头发的化妆品，如粉底、胭脂、口红、唇彩、眼影、眼线笔、睫毛膏等。

化妆工具一般包括粉扑、眼影刷、腮红刷、粉刷、眉刷、睫毛夹等。

（二）化妆的基本程序

1. 洁面

首先，将浸过热水的毛巾（水温以稍有点烫手为宜），轻轻盖在脸上（如果脸上有彩妆，就需要先用卸妆液卸妆），用手指将毛巾轻轻往下压，使毛巾贴紧面部和眼部皮肤，让毛巾上的热气停留约30秒，以促进脸部的血液循环。其次，取适量适合自己肤质的清洁霜涂于面部，以逆地心（朝上）的方向打圈按摩，其中T区（额头和鼻子）或特别脏的部位可加强清洁。最后，取适量适合自己肤质的洗面奶，用温水对面部进行第二次彻底清洁，可乳化残留的清洁霜并能深层清洁、软化表皮。

2. 护理

皮肤的护理主要是指洁面后进行的调整皮肤纹理、爽肤、均衡滋润等皮肤保养措施。在皮肤的护理方面,应当注意:

(1) 使用化妆水时,可用手指夹住已吸取了化妆水的化妆棉,向与脸部绒毛相反的方向轻轻扑拍,促进皮肤吸收,以收缩毛孔、软化角质、增加肌肤的柔软感。

(2) 涂抹营养霜或乳液护理,给肌肤补充必需的水分和养分,充分滋润肌肤,使其保持柔软和光滑。

(3) 使用粉底或隔离霜,保护皮肤免受环境中有害物质的伤害,隔离紫外线,均匀肤色和遮盖小瑕疵。

(4) 每周使用一至两次面膜,可消除皮肤干燥,调整皮肤纹理,使皮肤光滑,呈现清新光彩的状态。

(5) 适量喝水、保持充足的睡眠是护肤的关键。

3. 修眉

对于眉毛比较淡的女士,可以借助眉笔或眉粉加强眉毛的颜色;对于眉毛比较浓的女士,则应当修除多余的眉毛,根据自己的脸形修整眉型。

4. 施粉

用透明蜜粉或与粉底同色的固定蜜粉固定粉底,以减少粉底在皮肤上呈现的油光感,防止脱妆。

5. 画眼线

画上眼线时,可以将镜子放在脸的下方,眼睑微闭,从眼角向眼尾方向画,着笔处应当在眼睫毛的根部,注意用笔力度要均匀,不要画得断断续续。画下眼线时,可以将镜子放到额头的上方,从眼尾向眼角方向画,下眼线一般只画到2/3处左右。上、下眼线如果都画得实实的,容易给人以不生动、过于死板的感觉。

6. 涂眼影、睫毛膏

涂眼影。眼影颜色的选择可以考虑与服饰相协调,可以选择一种或多种颜色进行组合搭配。通常,如果眼部较为立体,在涂眼影时颜色对比不要太强烈;如果眼部立体感较弱,可以通过眼影颜色的渐变增强眼部立体感。

涂睫毛膏。涂睫毛膏可以使睫毛显得更浓密。在涂睫毛膏之前,可以用睫毛夹调整睫毛,使睫毛上翘。

7. 涂腮红

涂腮红让人看起来更健康、精神,并可弥补脸形的不足,腮红的颜色应与口红、眼影的颜色相协调。如果脸部较大或较宽,应将腮红稍往脸颊内部打;如果脸部比较小,应将腮红稍往脸颊外部打。

8. 化唇妆

先用唇线笔描画唇部轮廓,再涂抹与妆色相协调的口红。

9. 修妆

在整体妆面完成后,看妆型、妆色是否协调,左右是否对称,底色是否均匀,如果存在不足,应进行修妆。

(三) 不同脸形的化妆技巧

正常情况下,每个人的脸形是无法改变太大的。对不同的脸形采用不同的化妆技巧,可产生特殊的效果。

1. 三角脸形

三角脸形给人的印象是性格温和,不拘小节。化妆时可运用暖色调强调出本身的沉着、大方、亲切。

两腮较宽部位涂深色粉底,显得比较深凹,以掩饰腮部宽大的缺点,在狭小的额头和下巴加上浅色粉底,让它突出饱满。眉毛宜保持原状态。画唇线时,唇角稍向上翘,可描丰满些,下嘴唇不宜画成圆形。梳理头发时,头发以七比三来偏分,可使额部看起来阔一些;头部上方的头发宜采用卷发,从视觉上增加发量,但忌往上梳。

2. 倒三角脸形

倒三角脸形与三角脸形刚好相反,即人们所说的瓜子脸、心形脸。这种脸形的特点是上阔下尖,脸庞的下半部比较纤细。倒三角脸形给人的印象是纯洁,但有纤弱感和不稳定感。

在颧骨、下巴和额头两边着深色粉底,可产生暗影效果,于脸颊较瘦的两腮用浅色粉底来修饰,可使整个脸看起来较丰满、明朗。画眉毛时,应使眉形顺着眼睛的位置,不可向上倾斜。

将腮红涂在颧骨最高处,然后向上向后晕开。口红宜选用和皮肤颜色相近的颜色。梳理头发时,头发以四比六来偏分,可使额部显得小一点,可用大量蓬松的卷发遮掩部分前额。

3. 方脸形

方脸形的脸部线条较直,方方正正,额头宽,脸颊也宽,下巴稍显狭小,缺乏温柔感,脸的宽度接近脸的长度,轮廓清晰、硬朗,给人以健康、积极的感觉,有坚强的意志感和稳定感。化妆时要突出落落大方,五官的描绘要有分量感。

修饰脸形时可在宽大的两腮和额头两边涂深色粉底,额头中间和下巴涂浅色粉底,另外再强调出眉和唇等部分的彩妆,这样就会使脸显得长一些,表现出温和的特质。眉毛要修饰得稍阔而微弯,不可有棱角。在腮红的使用上,必须以圆线条来增加脸部的柔和感,将腮红以画圈的方式,由颧骨往鼻子的方向刷。梳理头发时,头发以四比六来偏分或中分都可。

4. 长脸形

长脸形看起来棱角分明,给人以沉着、冷静、成熟的感觉。对于这种脸形,可利用化妆减弱纵长的感觉,增加面部宽阔感,使之显得圆润丰满。

眉毛的位置不可太高,眉毛不可有棱角,尤其不应高翘。腮红应涂在颧骨的最高处与太阳穴下方所构成的曲线部位,然后由上向外晕开,距离鼻子要远些。口红可稍微涂得厚些。两颊下陷窄小者,宜涂淡色粉底,使脸部显得较为丰满。梳理头发时,头发以七比三来偏分,可使脸看起来宽些。

5. 圆脸形

圆脸形显得可爱、年轻、活泼、健康,看起来有点稚气,缺乏成熟感。化妆时应减弱圆润感,使脸形稍显长,突出眼睛、鼻子、嘴唇等。

眉形以自然的弧形为较佳,不可平直或有棱角。腮红应从颧骨一直延伸到下颚部,必要时可利用深色粉底做成阴影。在涂腮红时应用直线条来增加脸部的修长感,将腮红由颧骨往脸中央刷。梳理头发时,应注意表现脸部的轮廓,前额应显得清爽简单,又不能完全露出前额,可将头发中分或以七比三偏分,让头发自然垂下遮住脸侧,使脸显得长一些。蓬松的卷发不适合圆形的脸。

6. 椭圆脸形

椭圆脸形属于可爱与妩媚之间的"百变"脸形。椭圆脸形是较理想的脸形,所以化妆时要着重自然,无须太多修饰。

根据眼睛的位置把眉毛修成正弧形,使眉头与内眼角对齐。涂腮红时,将腮红由颧骨上方顺着颧骨的曲线向脸中央晕开。涂口红时,依唇形涂抹即可,修改不宜过大。梳理头发时,可采用中分。

7. 菱形脸形

菱形脸形显得面颊消瘦,颧骨突出,下颚过尖,给人以机敏、精明等印象。化妆时应重点减弱中部的宽度感,使面部轮廓显得饱满。

用提亮色涂于太阳穴和颧骨以下的凹陷部位,以减弱凹陷感。眉毛以平直略长为宜,不适合弧度大的眉形。颧弓部位涂阴影色,要衔接自然,可减弱骨骼棱角的生硬感。颧骨和颧弓高凸部位不宜使用鲜红的腮红,可使用棕红色腮红,也可不涂腮红。

(四) 香水的使用

在不同的商务场合,选择不同的香水,可展现个人的品位和修养。不同的人对香水有不同的选择。内向型的人一般会选择香味比较淡的香水;外向型的人一般会倾向于香味浓一点的香水;年轻的女士一般选择淡花香型香水。在商务场合,香水的使用应遵守相关的礼仪。

1. 使用方法

(1) 香水应喷于不易出汗、脉搏跳动明显的部位,如耳后、脖子、手腕及膝后。

(2) 使用香水时不要一次喷得过多,少量而多处喷洒效果最佳。

(3) 沐浴后身体湿气较重时,将香水喷于身上,香味会释放得更明显。

(4) 将香水先喷于空气中,然后在充满香水的空气中旋转一圈,令香水均匀地落于身上,可收到似有似无的香气效果。

(5) 秋、冬季着厚衣时,将香水喷到身体的某些部位往往不如洒到衣服上效果好,如围巾、帽子、衣领、手套和胸前内领口、裙角花边或裙角里衬、衣襟、袖口里衬上等。

2. 使用禁忌

(1) 不要把香水喷到浅色的衣物上,以免留下污渍。

(2) 紫外线可以使香水中的有机成分发生化学反应,造成皮肤过敏,故不可将香水涂抹在阳光直接照射的地方。

(3) 使用香水切忌过量,香水味不宜太浓。在一米之内能够闻到淡淡的香味就好,若在三米之外还可闻到香味,那就表示过量了。

(4) 不要同时使用几种不同香型的香水。

(5) 香水不要喷到珠宝及金、银制品上。如果要佩戴珠宝及金、银饰品,最好先喷好香水再佩戴饰品,否则会损伤饰品。尤其是珍珠类饰品,很容易受到含有化学成分的物质影响而改变品质。

(6) 参加丧礼时请勿涂抹任何香水,这也是对逝者的一种尊敬。

(五) 化妆礼仪

(1) 在正式场合,女士应化妆。在正式场合,女士适当化妆可以让自己看起来容光焕发、富有活力,不化妆则被视为失礼。

(2)化妆的浓淡要视场合而定。一般来说,白天是工作时间,适宜化淡雅的工作妆。如果上班时浓妆艳抹,容易给人留下工作不踏实的印象。

(3)不能在公共场所化妆。在众目睽睽下化妆是非常失礼的,无论是在办公室、宴会席间或会议桌旁,这样做既有碍于他人,也不尊重自己。如果需要化妆或补妆,可以到化妆间或洗手间,切勿当众化妆。

(4)不要在异性面前化妆。

(5)不要非议他人的妆容。由于肤色、个人素养或者审美的不同,每个人的化妆风格不可能一样,不要总认为自己的是最好的,对他人的妆容品头论足是非常没有修养的表现。

(6)不要随便打探他人使用的化妆品档次。

三、发型

工作场合发型的选择既要顾及美观,又要便于工作,所以披头散发是不提倡的,特别是商务人员。对于男士,一般要求头发不要过长;对于女士而言,无论是直发还是卷发,学会几款盘发是非常必要的。

(一)盘发款式一

盘发款式一如图2-20所示,操作步骤如下。

第一步:把所有的头发都聚拢到后面,大约分成两部分。

第二步:把两边的头发交叉。

第三步:交叉后进行旋转,扭成麻花儿状。

第四步:将整束头发一边旋转,一边绕圈,形成一个发髻,再用橡皮筋固定。

第一步

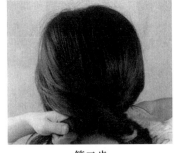
第二步

第三步

第四步

图2-20 盘发款式一

(二)盘发款式二

盘发款式二如图2-21所示,操作步骤如下。

第一步:把所有的头发都聚拢到后面,用梳子把头发梳理整齐。

第二步:把上部约 2/3 的头发向后收拢并用黑色橡皮筋扎起来。记得要留下下部的约 1/3 的头发,不要把所有的头发都扎起来。

第三步:把刚才收拢扎起的 2/3 的头发,用手指在发束中掏出一个洞。

第四步:把扎起来的头发从洞口位置穿过去,使用黑色的发夹把它固定好。

第五步:把剩下的 1/3 的头发编成发辫,即先把头发分成几个小等份,然后进行编发处理。

第六步:用黑色的橡皮筋把麻花辫扎起固定。

第七步:把扎好的麻花辫向内塞到头发的洞口部分。

第八步:头发塞好之后,使用黑色的发夹把头发固定好,并整理好细碎的头发。

效果:整理好之后,我们就可以看到整个盘发发型变得很整齐。

图 2-21　盘发款式二

(三) 盘发款式三

盘发款式三如图 2-22 所示,操作步骤如下。

第一步:在湿发上打少量摩丝,或者在干发上喷点发胶,使头发更容易打理。先从鬓角开始,将头发聚拢在一起然后编法式麻花辫,穿过头的后方直到全部编完为止。如果有几缕头发突出来也没关系,随意一点会显得更自然。

第二步:将编好的发尾用橡皮筋固定好。

第三步:将固定好的发尾拧成一个发髻。

第四步:将发尾用小夹子固定好并藏在头发里,喷上少量发胶定型即可完成。

图 2-22　盘发款式三

课堂实训

一、技能题

1. 以小组为单位,演练化妆的过程。可以选择化工作妆或宴会妆,挑选部分学生上台展示化妆成果,其他组的学生进行点评。

2. 分组练习盘发技巧,要求至少掌握两种盘发技巧。在小组练习完后,挑选部分学生上台展示,教师和其他组的学生进行点评。

3. 通过观看网上视频资料,学会一种新的盘发技巧(教材示例之外),向全班同学演示盘发过程,并展示盘发效果。

二、案例题

1. 某航空公司要面向社会招聘一批空姐,前来报名的人络绎不绝。其中有几个女孩认为空姐是时髦的职业,招的都是漂亮的女孩。于是,这几个女孩就到美容院将自己浓妆艳抹地打扮了一番,然后高高兴兴地来到报名地点,谁知工作人员连报名的机会都不给她们,就请她们离开了。看着别的女孩一个个报上了名,她们很纳闷:"这是为什么呢?"

该案例中工作人员为什么不给这几个女孩报名的机会?如果你要去应聘,你会怎样打扮自己?

2. 小刘是某高校文秘专业的学生,毕业后就职于一家公司做文员。为适应工作需要,上班时,她毅然放弃了"青春少女妆",化起了整洁、漂亮、端庄的"白领丽人妆":不脱色粉底液,修饰自然、稍带棱角的眉毛,与服装色系搭配的灰度高偏浅色的眼影,紧贴着睫毛根部描画的灰棕色眼线,黑色自然型睫毛,再加上自然的唇型和略显浓艳的唇色,虽化了妆,却好似没有化妆,整个妆容清爽自然,尽显自信、成熟、干练的气质。但在工休日,她又给自己来了一个大变脸,化起了久违的"青春少女妆":粉蓝或粉绿、粉红、粉黄、粉白等颜色的眼影,彩色系列的睫毛膏和眼线笔,粉红或粉橘的腮红,自然系的唇彩,看上去娇嫩欲滴,鲜亮淡雅。心情好,自然工作效率就高。一年来,小刘以自己得体的外在形象、勤奋的工作态度和骄人的业绩,赢得了公司同事的好评。

请就该案例评价小刘的两种妆容。

3. 休息室里坐满了等候面试的人,有人充满自信,志在必得;有人紧张异常,一遍遍地背着自我介绍。面对众多的求职竞争者,王萍萍不以为然地笑笑,从包里拿出化妆盒补妆,又用手拢拢头发,心想:"我高挑的个子、白皙的皮肤,还有靓丽的装扮,白领丽人味道十足,一定是最优秀的。"

考官叫到王萍萍的名字,王萍萍从容地进入考场。按考官的要求,王萍萍开始做自我介绍:"各位好!我是师大中文系毕业班的学生王萍萍。在校期间,我的学习成绩优良,曾担任两届学生会文艺部部长……我还有很多业余爱好,比如演讲、跳舞啊,我还得过奖呢!对于我的公关才能和社交能力我是充满自信的。"

王萍萍一边说着,一边从包里拿出市交谊舞大赛和校演讲比赛的获奖证书,一不小心把化妆盒带了出来,各式的化妆用品散落一地。她乱了手脚,慌忙捡东西,抬头对着考官说:"不好意思!"

考官们不满地摇头。考官甲:"小姐,麻烦你出去看一下我们的招聘条件,我们这里是研究所。你还是另谋高就吧。"

为什么考官请王萍萍另谋高就?她的求职准备是否充分?

4. 大学毕业工作不久,小丽第一次参加商务宴会,她精心地化了一个宴会妆。由于担心自己的妆容会变花,小丽频频掏出镜子不断补妆。到了晚宴时刻,宾客们共同举杯进行庆祝,小丽也举起了自己的酒杯,随后她的杯口上印上了一圈口红印,这让不少想与之攀谈的男士望而却步。

女士参加商务活动要注意的化妆礼仪有哪些?

项目三
会面礼仪

　　人的交际活动常常是从会面这一刻开始的,会面是情感交流的开始,它关系到交际活动的成败。在商界,商务会面在商务活动中占有相当重要的地位,因此商务人员都非常重视会面礼仪。会面涉及称呼、问候、握手、递名片、介绍、交谈等。商务人员不应忽视看似普普通通的会面礼节,细节决定成败,只有注重自己的一言一行,才能更好地融入职场,取得成功。

任务一　称谓礼仪

案例导入

杨冬已经40岁了，工龄20年，是企业的老员工。他的上司张经理年纪比他小，工龄也没他长，之前他们俩是同一个办公室的同事，张经理管杨冬叫"杨师傅"，杨冬则称他为"小张"。但没几年，张经理被提升到了现在的职位，两个人之间的称呼就有了麻烦，像其他人一样叫"张经理"，杨冬觉得别扭，不太习惯，所以杨冬把心一横，想着自己都这么多年工龄了，就仍然叫"小张"，张经理也就一直应答着。

在商务场合，称谓从来都不是一件随随便便的事情，如何才能做到称谓得体恰当呢？

任务目标

1. 掌握得体称谓的基本要求。
2. 掌握在不同场合得体地称呼他人的技巧。
3. 掌握称谓的禁忌。

相关知识

在人际交往中，对他人的称谓既可以反映出对方的身份、性别、社会地位、婚姻状况以及双方之间的亲疏关系，也反映出本人自身的教养和对他人的尊敬程度，因此对称呼绝不能疏忽大意，不可随便乱用称谓，更不可与人交往却不用称谓。

一、得体称谓的基本要求

恰当得体的称谓，不仅会使对方如沐春风，而且容易拉近谈话双方的距离，这往往是进一步交往的奠基石；不恰当或者错误的称谓，会使对方心生不悦，甚至产生一种排斥心理，拉开双方的距离，交际活动也就无法或很难进行下去。那么，怎样的称谓才算得上是得体、恰当的呢？

（一）合乎常规

要照顾被称呼者的个人习惯和社会习惯，做到入乡随俗。例如，在广东地区，男女不论漂亮与否，称中青年女性为"靓女"，称中青年男性为"靓仔"，对餐馆的服务员这么称，对商场的售货员这么称，对顾客也这么称。但若是这将种称谓放到中国的其他地区，就不一定适合，有时候还可能会引起对方的反感，认为这是在挖苦讽刺他，或者认为这是在有目的地恭维他。

（二）合乎场合的需要

称谓要合乎场合的需要。在正式场合的称谓要正式、规范，即使关系再亲密，到了正式场合也要使用正规的称谓。例如，双方是夫妻关系，在公司妻子是下属，丈夫是上级，那么在工作场合就不要叫"老公""老婆"，这样不但有损领导的威严，也让他人感觉其工作态度不够端正。又如，双方是关系非常好的朋友，一个是上级，一个是下属，那么在正式场合，就不能像私下里那样称兄道弟,互叫小名。在非正式场合与正式场合,称谓应该有所区别。

(三) 合乎身份

称谓不仅要合乎自己的身份,还要合乎对方的身份。要考虑对方的年龄、性别、职务、职位,还要考虑自己与对方的关系。年幼者对年长者的称谓要体现出对长辈的尊敬,年长者对年幼者的称谓要体现出对晚辈的关爱。

(四) 合乎顺序

一般来说,在与多人打招呼时,要注意亲疏远近的主次关系,以先长后幼、先高后低、先女后男、先亲后疏为基本规则。例如,秘书人员见到对方公司的经理和秘书同时来到本公司时,应当先称呼对方公司的经理,再称呼对方公司的秘书。

二、不同场合的称谓

(一) 生活中的称谓

1. 姓名称谓

在人际交往中,记住并准确称呼对方的姓名,不仅是礼仪需要,而且能成为开启友谊之门的钥匙,成为寻找合作伙伴的桥梁。商务人员要与很多人打交道,一定要想办法记住他人的姓名。试想:你在一年前接待过的一位普通的客人,一年后再见面的时候,你还记得对方的姓名,并能准确地称呼他,这位客人一定会喜出望外。反之,如果你已经问过客人的姓氏了,再问第二次就不妥了,客人会认为你漫不经心,根本就没把他放在眼里。如果到了第三次会面时,你还要问对方姓名,这就极其失礼了,那么进一步的沟通与交际就难以实现了。

记忆他人姓名时可以采用一定的技巧,这样记起来就会事半功倍。有时候可以采用一些形象化或夸张的方法;有时候可将对方的外貌特征与他的姓名结合起来记忆,如将其姓名脸谱化或将其身材形象化;有时候可以将对方的名字与某些自己熟悉的事物联系起来记忆。此外,在与对方交谈的过程中,尽量多称呼对方的名字,这也是一个不错的牢记对方姓名的方法。不过,无论我们采用什么方法去记,都不可能保证不忘,因此很有必要把新认识人的姓名记下来,稍有闲暇就拿出来温习,这样才能做到"有了新人,不忘旧人"。

称呼他人姓名的方式一般有以下几种。一是称对方姓名的全称,全称适合于比较郑重的场合,显得比较庄重、严肃,但是这样称呼长辈是不礼貌的。二是只称对方的名,而不称对方的姓,这种称呼多用于熟人之间,显得比较亲切;有时候也可以只称对方名的一个字,但这只适合关系极其亲密的人之间,如果只是一般的朋友,这么称呼就不太合适,特别是男士用这种称呼方式来称呼并不太熟悉的女士时,很容易引起不必要的麻烦。三是只称对方的姓,并且在前面加"老""小"等字,如"小张""老李"等,这种称呼多用于熟人之间,也显得比较亲切,同时也体现出一定的长幼关系,对于德高望重者可在姓氏后面带上"公""老",如"谢公""周公""王老""谢老"等。

在外企或有西方文化背景的企业,领导与员工之间的称呼相对灵活一些,员工可以直呼领导的英文名,这并不是什么失礼的行为。不过在国有企业、日资企业、政府机关,这样称呼他人却是不合适的。在国有企业或日资企业,称呼上大多比较"循规蹈矩",亲昵的或不正式的称呼最好不要出现。在政府机关和事业单位,就更要严格按照对方的身份来称呼,不可忘记对方的职务。

2. 亲属称谓

(1) 规范式亲属称谓。对于有血缘关系的人就用亲属称谓。不同于西方有些国家,中国人的亲属称谓比较多,也分得比较清楚。如表兄弟指的是姑姑、舅舅、姨妈的儿子;堂兄弟指的是伯伯、叔叔的儿子;岳父、岳母是男士对自己妻子父母的称呼;公公、婆婆是女士对自己丈夫父母的称呼。对自己的家属,辈分低于自己的可直呼其名,或称爱称、称小名,对辈分高者则不宜。对长辈、平辈称"您",对晚辈称"你"。

(2) 谦称式亲属称谓。面对外人,称自己的家属要用谦称式亲属称谓,这时通常在称谓前加"家""舍""小"等字。

"家"字一族。用于在别人面前称比自己的辈分高或年纪大的亲戚。如称自己的父亲为"家父""家尊""家严""家君",称自己的母亲为"家母""家慈",称自己的兄长为"家兄",称自己的姐姐为"家姐",称自己的叔叔为"家叔"等。

"舍"字一族。用于在别人面前称比自己的辈分低或年纪小的亲戚。如称自己的弟弟、妹妹为"舍弟""舍妹",称自己的侄子为"舍侄"等。

"小"字一族。谦称自己或与自己有关的人或事物。如"小弟"指男性在朋友或熟人之间谦称自己,"小儿"用于谦称自己的儿子,"小女"用于谦称自己的女儿。

(3) 敬称式亲属称谓。对他人的亲属应采用敬称,以示对他人的尊重,通常是在称谓前面加上"令""尊""贤"等。

"令"字一族。不论是对方的长辈、同辈还是晚辈都可以使用。如用"令尊""令堂""令荆""令爱""令郎",分别尊称对方的父亲、母亲、妻子、女儿、儿子。

"尊"字一族。用于称对方的长辈,如用"尊母""尊兄"尊称对方的母亲、哥哥。

(4) 泛亲属称谓。在中国,人们有把毫无血缘关系的人也纳入亲属称谓行列的习惯,例如,小孩子称非血缘关系的同辈人为"哥哥""弟弟""姐姐""妹妹",称非血缘关系的长辈为"叔叔""阿姨""爷爷""奶奶"等。在美国,小孩子对非血缘关系的同辈直呼其名;称呼有血缘关系的叔叔、阿姨,一般都加上这个人的名,而不是姓,更常见的是直呼其名,甚至对自己的父母,有时也直呼其名。在中国,若是小孩子这么称呼长辈,会被认为没有礼貌。

在中国,对非亲属的交际双方以亲属称谓之,通常出现在一些非正式交际场合。说话者只是把自己的年龄与对方的年龄作大致上的比较,若年龄差别不大,便可作为同辈人对待,称呼"大哥""大姐""大嫂"或"弟""妹"等;有时对方年龄小,为表尊敬也称之"兄""姐";若说话者年龄比对方小得多,说话者可称呼对方"大伯""大妈""大叔""爷爷""奶奶"。不过使用亲属称谓时也要考虑对方的心理因素,有选择地使用,切不可一概而论。例如,对未婚的大龄女子,即使年龄稍大,最好不用"姐姐"或"大姐"来称呼,因为她希望自己在他人眼中能更年轻些。对于一些要强好胜的老年人,不妨用年轻化的拟亲属称谓去称呼他们,例如,本应该称其"老大爷",可以改称"大叔"。这样的称呼也许不符合对方的实际年龄,但却更符合其心理要求。

(二) 工作中的称谓

1. 职务称谓

职务称谓,即用对方的职务来称呼对方。这种称呼方式给对方以受尊重、受重视的感觉,同时还能够起到提醒对方所担责任的作用。职务称谓有几种情况:一是仅称职务,如"校长""部长""经理"等;二是在职务的前面加上姓氏,如"马校长""李部长""刘经理"等;三是在职务的前面加上其姓名,如"马东校长""李刚部长""刘智海经理"等。

2. 职称称谓

职称称谓,即用对方的职称来称呼对方。职称称谓对高级职称者使用得较多,对中级职称、初级职称者使用得较少。如以教授称呼对方比较常见,但以助教来称呼对方就很少见了。这种称谓也有几种情况:一是仅称职称,如"教授""编审""研究员";二是在职称的前面加上姓氏,如"张教授""钱编审""孙研究员";三是在职称的前面加上姓名,如"黄德高教授""张小丹研究员"。

3. 职业称谓

职业称谓,即用对方所从事的职业来称呼对方,带有尊重对方职业和劳动之意。职业称谓也可以分为三种情况:仅称职业名称,在职业名称前面带上姓,在职业名称前面加上姓名,如"医生""张医生""张南医生"等。对文艺界、教育界人士称"老师",在"老师"前可加上姓氏。有时实在不知应如何称呼对方时,也可用"老师"这个称呼,尤其在文化艺术界。

如果不知道对方从事的职业,也可以"先生""女士"来称呼对方,尤其是在公司、外企、宾馆、商店等场所。

4. 学衔称谓

学衔称谓可以体现对方的学术权威性。"博士"较常用,"硕士"和"学士"一般不用。这种称谓可以仅称学衔,如"博士";可以在学衔前面加姓氏,如"刘博士";可以在学衔前面加姓名,如"李强博士";还可以将学衔具体标明,如"法学博士梁静"。

以上介绍的是在工作场合常用的称谓方式。不同性质的单位,在称谓问题上也有些许差异。

(三) 国际交往中的称谓

1. 基本规则

(1) 在国际交往中,要注意不同国家在交往中称谓上的差异,做到入乡随俗。在国际场合,通常对未婚女子称为"小姐",对不知其婚否的女性称"女士",对已婚者称"夫人"。注意对那些虽然年龄大,但并没有结婚的女性,绝对不能仅凭直觉称她为"太太"。在中国、日本等亚洲国家,对身份地位较高的女性也可称"先生",如冰心先生、杨绛先生等,以示尊重。

(2) 对于军界人士,以军衔称呼对方。可以仅称军衔,如"将军""上校"等;可以在军衔的后面加上"先生",如"上校先生";可以在军衔的前面加上姓名,如"怀特将军";还可以在军衔的前面加上姓名、后面加上"先生"。

(3) 对于宗教界人士,以神职称呼对方。可以仅称神职,如"牧师""神父"等;可以在神职的后面加上"先生",如"主教先生""传教士先生";可以在神职的前面加上姓名,如"亚当神父"。

(4) 对君主制国家的王公贵族,称呼上应尊重对方国家的习惯。对国王、皇后称"陛下",对王子、公主、亲王称"殿下"。

(5) 对教师、法官、律师、医生、博士等人士,可直接以"老师""法官""律师""医生""博士"来称呼对方,也可以在前面加上对方的名字,后面加上"先生"等,如"法官""福特法官""法官先生""福特法官先生"。

2. 各国姓名知识

(1) 英、美等国家。在英国、美国等讲英语的国家,人们的姓名一般由两个部分构成,通常名在前,姓在后。有的姓名由三个部分组成,即在名和姓的中间加了一个中间名,在交际场合一般不用中间名,在签名时,中间名一般用缩写形式,前面的名可以缩写,也可以不缩写,但是姓不可以缩写。

按英语国家的习惯,妇女结婚后要使用丈夫的姓。一个已婚妇女(包括寡妇)的全名是由自己的名加上丈夫的姓组成的。例如,Alice Black 和 Peter Brown 结婚后,她便改称为 Alice Brown,在法律文件上签名时也必须写 Mrs Alice Brown。她在未婚时被称为 Miss Black,结婚以后就被称为 Mrs Brown,而 Black 作为她未出嫁时用的父姓就很少使用了。

有的父母用自己的名字给孩子命名,为了表示区别,常常在姓名后分别加上一个 Senior(常缩写成 Sr.)或 Junior(常用缩写 Jr.),如 John Jones Junior 与 John Jones Senior 分别指小约翰·琼斯与大约翰·琼斯。

一般情况下,称呼对方的姓即可,如"怀特先生""史密斯先生";正式场合一般要称呼姓名全称;关系密切的双方,不论辈分如何,常直呼其名,不称其姓;亲友之间除称名外,还常用昵称(爱称)。

(2)俄罗斯。俄罗斯人的姓名一般由三个部分组成,即本名·父名·姓。如"伊万·伊万诺维奇·伊万诺夫":"伊万"为本名;"伊万诺维奇"为父名,意为伊万之子;"伊万诺夫"为姓。妇女婚前用父姓,婚后多用夫姓,但本人名字和父名不变。如"尼娜·伊万诺夫娜·伊万诺娃"与姓"罗果夫"的人结婚,其全名改为"尼娜·伊万诺夫娜·罗果夫"。俄罗斯人的姓名中,也可以把姓放在最前面,特别是在正式文件中,即上述两个人姓名也可写成"伊万诺夫·伊万·伊万诺维奇"和"伊万诺娃·尼娜·伊万诺夫娜"。本名和父名都可缩写,即只写第一个字母。

一般情况下,称呼对方的姓或名即可;表示客气和尊敬时,称本名与父名;表示对长者的特别尊敬时,仅称其父名,如人们常称列宁为"伊里奇"(列宁的全名为"符拉基米尔·伊里奇·列宁");家人和关系较密切者之间常用爱称。

(3)日本。日本人的姓名顺序是姓在前、名在后,但姓名的字数常常较多,由于姓与名的字数并不固定,所以要了解哪一部分为姓,哪一部分为名,一般应事先向来访者了解清楚,在正式场合中应把姓与名分开书写,如"二阶　堂进""藤田　茂"等。女性婚前用父姓,婚后用夫姓。一般情况下称呼对方的姓即可,正式场合称姓名全称。对男士为表示尊重,可在姓后加上"君",如称"铃木镇一"为"铃木君"。

三、称谓的禁忌

(一)读错姓名

有些汉字作为姓氏时,其读音与在其他场合的读音不同,这就需要特别注意,例如,作为姓氏时,"仇"读音同"求","解"读音同"谢","盖"读音同"葛"。另外,要分清楚复姓,如欧阳、西门、司马、诸葛等,如果把"欧阳春"称为"欧先生",把"诸葛丹"称为"诸小姐",就会惹出笑话。

(二)弄错辈分、年龄、婚否

把未婚女性称为"太太""夫人",称比自己年龄大的女性为"小妹",称比自己年龄小的女性为"大姐"等,这些都是不妥的。

(三)地方性称呼

我们平时称呼的"爱人""小鬼",外国人容易理解为"婚外第三者""鬼怪、精灵";广东人称"靓女、靓仔",其他地区的人并不一定就会接受,所以一定要注意一些称呼的适用区域。

(四)庸俗称呼

像"死党""铁哥们儿""姐们儿"这些称呼,在正式场合切勿使用。

（五）绰号

称呼别人的绰号常常会伤害其自尊心，特别是根据别人的缺陷取的绰号，如"铁拐李""独眼龙""断臂大侠"等，不仅伤害了别人，其实也反映出个人修养不够。另外，千万不要拿别人的名字乱开玩笑。

（六）不用任何称谓

用"喂""嘿"而不使用任何称谓称呼对方，这是一种没有礼貌的表现。商务人员绝不能犯这种错误。

（七）不恰当的简称

简称一般适合于非正式场合，如"陈总""张处""刘科"等，在正式场合还是应该称全称。使用简称要小心，如称"范局长"为"范局"，称"陈处长"为"陈处"，这种简称容易让人产生误会，所以这时就不要用简称了。

课堂实训

一、技能题

现实生活中关于称谓的趣事有很多，请以小组为单位，收集相关案例，并派代表上台向全班同学介绍收集的关于称谓的案例。

二、案例题

1. 一位顾客来到某公司的前台接待处，问接待处的工作人员："这是东海公司吗？请问王经理在吗？"该工作人员瞟了一眼来者，说："不在！"然后又继续与旁边的同事交谈："李姐、王哥，刚才你们说的那家打折的商场在什么位置呀？"

接待处工作人员的做法有何不妥？

2. 张丹是某职业技术学院的大一学生，宿舍的水龙头坏了，她跑去找学校的后勤部门。走进后勤部，只见有好几张办公桌，坐着的人她一个也不认识，她走到第一张办公桌前说："阿姨，我们宿舍的水龙头坏了，是不是在这里报修呀？"对面的人先是一愣，然后回答："是的，你在这里登记你的宿舍号吧！我们会尽快去处理的。"

张丹的称呼有何不妥之处？

3. 周玲是某公司的一名秘书，去年刚刚毕业。说起去年的成功应聘，她觉得那个得体的称谓是关键。当时应聘的时候，由于太紧张，好几个问题都答得语无伦次，考官当时就指出了她好几个不该犯的错误。正当周玲觉得这次面试泡汤了的时候，一位中年男士走进了办公室和考官耳语了几句。在这位中年男士离开时，她听到人事主管小声说了句"经理慢走"。那位男士离开时从周玲身边经过，给了她一个善意鼓励的眼神，周玲不知哪来的机灵劲儿，忙起身，毕恭毕敬地对他说："经理您好！您慢走！"她看到了经理眼中的诧异和脸上欣喜的表情，然后他笑着对周玲点了点头。等周玲再坐下时，她也从人事主管的眼中看到了笑意。最后她顺利地得到了这份工作。人事主管后来告诉周玲，本来根据她那天的表现，是打算刷掉她的。但就是因为她对经理礼貌的称呼让人事部门觉得她还是有从事秘书这个岗位的潜力的，所以对她的印象有所改观，给了她这份工作。

看了以上案例，你有什么样的启发？

4. 新加坡的某酒店是远近闻名的星级酒店，很受人们的称赞。酒店的每一位员工都非常敬业，把酒店的工作视为自己义不容辞的责任。王先生就曾经入住过这家酒店。清晨，王先生走出房间门,楼层的当班人员微笑着向王先生打招呼:"早,王先生。""你怎么知道我姓王?"原来,酒店的楼层当班人员必须记住本楼层的每位客人的名字。王先生来到餐厅,接待他的工作人员也都亲切地称呼他"王先生"。这让王先生感到备受重视。他退房的那天,当服务生把他的信用卡还给他的时候,说:"谢谢您!王先生真希望第五次再看到您。"原来这是王先生第四次入住这家酒店。此后的几年,王先生每年生日的当天,都会收到这家酒店发来的祝福信息。

案例中这家酒店称呼客人上的做法带给你怎样的启示?

任务二　介绍礼仪

案例导入

张丽是某文化传播公司的经理助理,在一次公司的年终庆典上,她作为庆典活动的主持人,站在主席台的左侧方,向到场的所有来宾介绍出席庆典活动的嘉宾。只见张丽用手指指向主席台上嘉宾就座的方向,介绍道,"出席本次庆典活动的嘉宾有:公司总经理冯文越"(掌声),"公司副总经理刘胜"(掌声),"公司采购部主管付国强"(掌声),"还有公司办公室主任刘小娟和人事部主管彭创华"(掌声)。

任务目标

1. 掌握自我介绍的技巧。
2. 掌握介绍他人的礼仪及技巧。

相关知识

在日常的人际交往中,少不了进行自我介绍和为他人做介绍。从礼仪的角度来说,介绍就是向他人介绍不认识的人或物。我们在这里主要探讨的是向他人介绍不认识的人,这个不认识的"人"可以是个人,也可以是一群人;可以是自己,也可以是他人。

介绍通常可以分为三类:第一类,介绍自己,也就是自我介绍,即说明个人的情况;第二类,介绍他人,即说话者为不相识的双方做介绍,说明情况;第三类,在大型活动社交场合,需要把某一个单位、某一个集体的情况向其他人作说明,即介绍集体。这三类介绍有一些相同的地方,也有一些不同的地方。下面分别讲述自我介绍、介绍他人、介绍集体的相关礼仪知识。

一、自我介绍

在与他人的交际中,常常需要向他人介绍自己,介绍得好或不好,给他人留下的印象就会大不一样。例如,在一次面试活动中,来面试的可能有好几十人,然而能够给主考官留下深刻印象的人可能并不多。所以,看似普普通通的介绍过程,其实里面有不少的细节值得我们注意。

(一)自我介绍的时机

自我介绍的时机包括两点,一是在什么情况下需要做自我介绍,即需要做自我介绍的情

形;二是需要做自我介绍的情况下,在什么时候介绍自己比较合适,即自我介绍的时间点。在商务场合,与陌生的客人打交道之前,简单的自我介绍常常是必需的。

1. 需要做自我介绍的情形

(1) 本人希望结识他人。在某些场合,很多人聚在一起,如果你希望认识某个人,但又没有中间人为你们双方做介绍,在这种情形下,你就需要做自我介绍了。例如,你走近对方,向对方点头致意,微笑问好:"您好!我是××公司的行政主管张××。请问该如何称呼您呢?"对方通常也会顺着你的介绍进行自我介绍。这就是所谓的"礼尚往来"。

(2) 他人希望结识本人。在社交场合,当别人对你感兴趣,希望能够认识你的时候,通常会向你示意、问好并作自我介绍,这时候,你也应当介绍一下自己,如果这时你只以简单的一句"好,我知道了!"来对待别人,这是非常失礼的,也会使对方的自尊心受到伤害,这种行为展现的是一种"不屑一顾"的姿态。

(3) 希望他人认识本人。在很多场合,他人并没有要结识我们的意愿,比如求职、推销等情形,可是我们却非常希望对方能够了解我们,这时候可以先进行自我介绍,如果在这种情形下缺少自我介绍,会使对方有"丈二和尚摸不着头脑"的感觉,要想有进一步的沟通和交谈往往就比较困难。

2. 自我介绍的时间点

在需要做自我介绍时,还要考虑自我介绍的时间点。问候和自我介绍通常要放在个人交谈或发言的最前面,不要放在后面。有些人没有养成这个习惯,打电话、发言的时候,等到把所有的事情都讲完了,才想起来补充自我介绍,这容易给人做事不够稳重的感觉,同时也不便于对方迅速地进入交谈的状态。

自我介绍的时间点应尽量选取对方空闲、情绪不错之时。当看到对方在跟他人闲聊时,不妨见缝插针,抓住时机进行自我介绍;如果偏要在对方忙碌、烦躁之时强行作自我介绍,估计很难收到理想的效果。试想,当对方正在接电话时、对方正被手头的工作弄得手忙脚乱时、对方正在享用美食时、对方正情绪低落甚至是大发脾气时,有人上前去进行自我介绍,其结果很有可能会自讨没趣。

(二) 自我介绍的内容

自我介绍的内容涉及三个要素:姓名、单位、职务。有些人在作自我介绍时,常常忘记介绍自己的姓名,这是需要特别注意的。当然,在不同的场合,自我介绍的内容也应稍有不同。若只是简单的应酬,只介绍姓名或只说姓就可以了;若是向他人推荐自己,可以不失时机地介绍一下自己的专业、特长、学历、成绩等;在工作场合的自我介绍,重在介绍自己的工作部门、所从事的具体工作、工作职务等。如何有效地结合具体的场合和情境进行自我介绍,是需要花一些心思进行设计的。

(三) 自我介绍的注意事项

1. 时长

自我介绍的时长不要太长,以一分钟左右为宜,最多不要超过三分钟,如果像做报告似的,动辄十几分钟,会给他人留下爱自夸的印象。

2. 语言

自我介绍的语言要简洁明了。很多人觉得进行自我介绍是很简单的一件事情,所以常常不把自我介绍当回事,自我介绍时,口头禅一大堆,说话断断续续、吞吞吐吐,这样的自我介绍不会给别人留下好的印象,甚至可能会掩盖个人的优点。商务人员应当为自己设计适用于不同场合的自我介绍,在各种场合才能应对自如。

3. 态度

自我介绍时的态度要自然大方,畏首畏尾、脸红耳赤、目光斜视等,这些都不是商务人员在自我介绍时应该出现的。不过,也不要走向另一个极端,在自我介绍时自吹自擂也容易引起他人的反感。因此,进行自我介绍时,用语一般要留有余地,"很、非常、极、特别、第一"等词要慎用;"非常优秀""工作能力特别强"等说法,还是不说为妙。

4. 介绍名字的技巧

自我介绍时,如何使自己的名字以最佳的方式让别人记住甚至记忆深刻,这是需要下些功夫的。精彩的名字介绍往往会给人留下深刻的印象。有时候适当的自嘲或采用幽默的方式常常会收到意想不到的效果。例如,"我叫夏晓,听名字感觉我是在夏天的早上出生的,其实我是冬天的下午出生的。"总之,有多种介绍名字的技巧,如何诠释得好,需要多多琢磨。

二、介绍他人

在各种社交场合,除了需要自我介绍之外,有时候,作为中间方,需要为其他不认识的两方进行介绍,即介绍他人。关于介绍他人,无论是介绍者还是被介绍者,都应当了解相关的礼仪,在介绍或被介绍的过程中做到彬彬有礼、落落大方。

(一) 介绍者

1. 谁来担当介绍者

在社交场合,善于为他人做介绍的人在朋友和同事中具有更高的威信和影响力,但是谁来担当介绍者并不是随意选的,必须考虑一个重要因素,即介绍者的身份。什么样的人可以担任这一角色呢?一是社交活动中的东道主,比如在家庭聚会中,女主人常常承担介绍者的工作;二是社交活动中的长者、尊者;三是公务活动中的专职人员,比如公关人员、礼宾人员、文秘人员、办公室工作人员、接待人员等;四是正式活动中地位、身份较高者或主要领导和负责人;五是熟悉被介绍双方者;六是应被介绍双方要求者;七是被指定的介绍者。

2. 介绍者的职责

介绍者应先了解被介绍的双方有无认识的意愿和兴趣,如果没有这一前提,就有可能好心办了坏事。也许你准备介绍的双方曾经有过不愉快的经历,所以不要贸然行事,事先征询还是必要的。在大型社交场合,一般也不要随意介绍身份地位相差悬殊的人相互认识。

介绍者在为他人做介绍时态度一定要热情友好,体态要大方得体。因为介绍者的态度往往会影响被介绍者在对方心中的地位。在为他人做介绍时,介绍者应微笑着用自己的视线把被介绍者的注意力引导过来。右手掌心朝上,四指并拢,拇指张开,胳膊略向外伸,指向被介绍的一方,并向另一方点头微笑,上身前倾15度。介绍者不可用手拍被介绍者的肩、胳膊和背等部位;不能用食指或拇指指着被介绍的任何一方;不要掌心朝下。介绍时,语言要清晰明了,不要结结巴巴、吞吞吐吐、含糊其词。在正式场合介绍时,语言要庄重、严谨;在普通场合和休闲场合介绍时,语言可以口语化、轻松化。在介绍完一位之后要有适当的语音停顿,让其有时间向另一方点头示意或问好。介绍时如果使用简称,应以不会产生误会为前提。例如,"这位是交大的著名教授","交大"到底是哪个"交大"呢?所以还是要介绍清楚。

在介绍中要避免过分赞扬其中的某一方,而忽略了另一方,为双方做介绍时一定要注意保持平衡。例如,"我来为您二位介绍一下!这位是达发公司的销售经理马海先生,他可是不可多得的销售人才呀！工作成绩相当惊人,曾经创下三百万的年销售总额。""这位是智达公司的业务主管李波先生。"这样的介绍,就是不平衡的,难免会给人厚此薄彼的感觉。不如这样介绍:"我来为您二位介绍一下！这位是达发公司的销售经理马海先生,他是不可多得的销售人才！""这位是智达公司的业务主管李波先生,他可是年轻有为的管理专家。"所以,在介绍的时候,要看对象,有些人比较谦虚,不喜欢别人为他吹嘘,这时就不要不切实际地吹捧,这样也容易让人感觉你是个"马屁精";有些人喜欢别人适当夸奖,这时倒是可以不失时机地赞美一下对方。

为双方介绍完之后,一定要留给双方一定的交谈时间,时间可长可短,这个时候介绍者可以退出这个交谈圈,也可以陪他们聊一会儿。千万不要"好为媒人",被介绍双方还没来得及交谈,就火急火燎地拉住其中一位:"来,我再为你介绍下一位！"

(二) 介绍的顺序

介绍的顺序是一个重要的问题。一般来说,我们要遵循"尊者优先知晓对方"原则,也就是说,介绍者应当先介绍位卑者,后介绍位尊者。

(1) 先把职位低者介绍给职位高者;
(2) 先把年轻者介绍给年长者;
(3) 先把男士介绍给女士;
(4) 先把晚辈介绍给长辈;
(5) 先把未婚者介绍给已婚者;
(6) 先把客人介绍给主人;
(7) 先将晚到者介绍给早到者;
(8) 先把家人介绍给同事。

在介绍时,介绍者先称呼长辈、职位高者、主人、女士、已婚者、先到者,再将先被介绍一方介绍出来,最后介绍先称呼的一方。例如,介绍者可以说:"李总经理,请允许我将我的秘书刘小姐介绍给您。"然后再说:"刘小姐,这位是××公司的李总经理。"

在商务场合,被介绍双方的优先次序首先由双方的职位和地位等因素决定,然后再考虑性别、年龄等其他因素。在非正式场合,考虑优先次序时,往往是年龄、性别等因素排在前面,职位等因素排在后面。例如,在正式的商务场合,介绍一位男经理与一位女秘书认识,作为介绍者,先介绍秘书,再介绍经理,在这种场合,职位因素排在前面;在非正式场合,如逛街时,介绍自己的一位女秘书朋友与一位男经理认识,宜先介绍男士,再介绍女士,在这种场合,性别因素排在前面。

(三) 介绍内容

在商务场合介绍他人时,介绍的内容常常包括三要素:姓名、单位、职务,也可简单地只介绍姓。如:"我来介绍一下,这位是小吕,这位是老刘,你们彼此认识一下吧。"有时候采用强调式,强调被介绍者某个方面的特长、与介绍者的关系、被介绍双方的共同之处,等等。如:"这位是张大江,北方公司的经理,他可是管理专家。""这位是我的小妹吴天丽,以后请多多关照。""这位是张娇阳小姐,她和你是大学校友。"

(四) 被介绍者

被介绍者在介绍者询问自己是否愿意认识他人时,一般不要拒绝,实在不愿意的话也应说明理由,如果没有特殊的原因,在介绍者为双方进行介绍时,被介绍者应表现得主动热情。

当介绍者做介绍时,被介绍双方应起身站立,面带微笑,点头致意。被介绍时,女士和长者,可以不起立;在宴会或谈判桌上考虑到空间的因素,也可不必起立。上述情形下虽然不必起立,但并不表示可以毫无反应,略欠身、微笑、致意还是必要的。

介绍者介绍完毕,相距较近的被介绍双方可以握手、问好、互递名片;相距远者可举右手致意。

三、介绍集体

有时候被介绍的一方是个人,另一方是集体,或被介绍的两方、多方都是集体,这种情况称为介绍集体。

(一)一方是个人,另一方是集体

将一个人介绍给集体,如在重大的活动中把身份高者、年长者和特邀嘉宾介绍给集体,介绍者对被介绍者进行介绍以后,其他的来宾(集体中的每一位)可以自己去结识这位被介绍者。

(二)双方都是集体

被介绍的双方都是集体时,先介绍地位低的集体,后介绍地位高的集体(即使地位低的集体人数较多,而地位高的集体人数少甚至为一人),即遵循"尊者优先知晓对方"原则;先介绍东道主,后介绍来宾和客人;先介绍人数少的一方,后介绍人数多的一方。不过,介绍集体内部人员时要遵循"先尊后卑"的顺序。例如,介绍者准备介绍 A、B 两个公司的代表团成员,两个代表团均由各自的经理、主管、职员三人组成。介绍者就要根据"尊者优先知晓对方原则"决定先介绍 A 还是先介绍 B。当 A 团的地位低于 B 团时,就先介绍 A 团;A 团有三名代表,这个时候就要按"先尊后卑"的顺序,依次介绍 A 团的经理、主管、职员;然后再介绍 B 团成员,也按经理、主管、职员的顺序依次介绍。

那么如何确定集体地位的高低呢?一是以负责人的身份为准,例如,双方都是派五名代表组成一个代表团,那么集体地位的高低就可以由代表团团长的身份来确定。二是以集体规格为准,例如,一个集体是厅级单位,另一个集体是处级单位,那么厅级单位的地位就较高。

(三)多方都是集体

当要介绍多个集体时,若要遵循"尊者优先知晓对方"原则,可根据上面的"双方都是集体"的情况进行排序。不过,当需要介绍多个集体时,很多情况下需要特意淡化尊卑关系。这时,可以单位英文名称或汉语拼音顺序确定先后顺序,这是国际上通行的做法,有时候为了确保进一步的公平,会采用英文字母的轮换式:也就是这一次以 A 作为排在第一的字母,以 B 作为排在第二的字母;下一次就以 B 作为排在第一的字母,以 A 作为排在第二的字母。此外,也可以按座次顺序进行介绍,或按距介绍者的远近依次进行介绍。

课堂实训

一、技能题

1. 请设计适合以下不同场合的自我介绍。分组进行训练,教师选部分同学上台展示,拍摄展示视频,教师和其他同学进行点评。

(1)参加某公司的商务人员职位面试,具体的职位可结合个人专业,如商务秘书、市场销售人员、经理助理、外贸跟单等。

（2）参加学校举办的各类大赛时进行自我介绍（如朗诵大赛、创新创业大赛、简历制作大赛、歌手大赛等）。

2. 请根据以下材料练习介绍礼仪，并录制礼仪小视频。

情境：DJ公司一行五人包括总经理张达、副总经理李海、业务主管刘力、公关主任刘伟、经理助理王强，他们前往TD公司进行商务拜访。TD公司的接待团也由五个人组成：总经理杜军（主陪）、副总经理关倍、业务主管宋炎、宣传主管李明、秘书张丽。当DJ公司的五人抵达TD公司时，双方之间的介绍活动应如何进行呢？请分组演练。

要求：把握介绍的顺序、语言、动作等。

二、案例题

1. 约翰·梅森·布朗是一位作家兼演说家。一次他应邀去参加一个会议并进行演讲。演讲开始前，会议主持人将布朗先生介绍给观众，下面是主持人的介绍语：先生们，请注意了。今天晚上我给你们带来了不好的消息。我们本想邀请伊塞卡·马克森来给我们讲话，但他来不了，病了。（下面嘘声）后来我们邀请参议员布莱德里奇前来，可他太忙了。（嘘声）最后，我们试图请堪萨斯城的罗伊·格罗根博士，也没有成功。（嘘声）所以，结果我们请到了——约翰·梅森·布朗。（掌声）

案例中主持人为他人做介绍时出了什么问题？

2. TD公司的李秘书，在一次隆重的公司庆典活动上担任介绍来宾的工作。李秘书用右手的食指指着TD公司的总经理说："这位是我们公司的总经理。"接着，他又用手指指着其他的几位嘉宾说："那位是ZH公司的老总。坐在他旁边的是ZH公司的副总。"说完这些，李秘书接着说道："下面，让我们以热烈的掌声欢迎各位领导和嘉宾的光临！"会议结束后，公司领导通知李秘书，让她好好学习介绍礼仪。

请就以上案例，分析李秘书的表现有何不妥之处。

3. 在一次商务会议开始前，接待员刘强为互相不认识的来宾做介绍："张总，这位小姐嘛，你可不要被她柔弱的外表迷惑了，可不能小看呀！不说不知道，一说你张总也要刮目相看了。她就是TD公司的公关部长刘梅小姐。""刘小姐，这位嘛，一看这穿着打扮就不是普通人，牛人呀！他就是大名鼎鼎的DJ公司的老总张波。"

请就以上案例，分析刘强的介绍语言有何不妥之处。

任务三　名片礼仪

案例导入

A公司新建的办公大楼需要添置一系列办公家具，价值数百万元。公司的Z经理已做了决定，向B公司购买这批办公家具。这天，B公司的销售部H经理打电话来，要来拜访Z经理。Z经理打算等对方来了，就在订单上签字、盖章。

不料H经理比预定的时间提前2个小时就到了，原来H经理听说A公司的员工宿舍也要在近期内落成，他希望员工宿舍需要的家具也能向B公司购买。为了谈这件事，H经理还带来了一大堆的资料，摆满了桌面。Z经理没料到H经理会提前来访，刚好手边又有事，便请秘书让 H 经理等一会儿。H 经理等了不到半小时,就开始不耐烦了,一边收拾资料一边说:"我还是改天再来拜访吧。"这时,Z 经理发现 H 经理在收拾资料准备离去时,将自己刚才递上的名片不小心掉在了地上,H 经理却并没有发觉,走时还从名片上踩了过去。看来只是个不小心的失误,却令 Z 经理改变了初衷,B 公司不仅没有机会与 A 公司商谈员工宿舍的家具购买事宜,连几乎到手的数百万元办公家具的生意也告吹了。

B 公司销售部 H 经理的失误看似很小,其实是巨大而不可原谅的失误。名片在商务交往中是一个人的化身,是名片主人"自我的延伸"。弄丢了对方的名片已经是对对方的不尊重,更何况还踩上一脚。再加上 B 公司销售部 H 经理没有按预约的时间到访,不曾提前通知,又没有等待的耐心和诚意,丢了这笔生意也就不是偶然的了。

商务人员在商务活动中使用名片时应注意哪些细节?

任务目标

1. 掌握正确的递送名片的礼仪。
2. 掌握正确的接收名片的礼仪。

相关知识

名片是重要的交际工具,它直接承载着个人信息,是一个人身份、地位的象征,是一个人尊严、价值的一种外显方式,也是广交朋友的"介绍信"。商务人员要同各种各样的人打交道,所以向他人递送名片和接收他人名片的机会也非常多。此外,商务活动中,名片还是商务人员及其公司形象的一个缩影,一张设计精美的名片会给他人留下深刻、良好的印象。

一、名片的设计

(一)内容

一枚设计精美、合理、信息明了的名片往往会给人际交往带来不少的便利。一般来说,名片包含的信息有:本人所属的单位以及所在的具体部门;本人的姓名、职务或职称;本人的联络方式,包括单位所在的地址、办公电话号码、邮政编码等。

现代人追求完美,许多人在名片的设计上,可以说是煞费心机。而崇尚庄重、务实的商务人员,商务名片不宜色彩过于鲜艳、花哨,不要列上一大堆职务,列上一两个主要的有针对性的职务即可,否则会给人华而不实、故弄玄虚的感觉。

(二)类型

名片可以分为私用名片和商务名片。很多人会为自己准备不同类型的名片,在不同的场合使用不同类型的名片,这样也就更有针对性。在西方,一位商务人员有好几种名片是不足为奇的。商务名片一般是不提供本人家庭住址和私人手机号码(区别于工作手机)的,如确有必要,可在交换名片时当场提供,这样做往往被视为是向交往对象表示自己的重视和信赖。

(三)规格

一般的纸质名片的规格是 5.5cm×9cm,太小或太大的名片都不便于保存,因为名片夹、名片盒的大小相对还是比较固定的。

二、使用名片的场合

(一)初次见面

与他人初次见面,握手寒暄后,可递上名片,这时候名片是一个非常有效的自我介绍的工具,可以省去见面时过多的介绍词。有些商务人员职务比较多,如果自己一一说出来,难免给对方留下自吹自擂的印象,这个时候一张内容清晰明了的名片可以省去沟通时的许多麻烦。如果商务人员希望认识某个人,可以先向对方递上名片,表达出个人的结交意愿。

(二)登门拜访

商务人员拜访客户并向客户表明自己的身份时,为了便于与客户联系,一般也需递上名片,最好亲自将名片递给对方,不方便亲自递送时,可以将名片递给其下属并请他代转,这个时候可以在名片上写上"求见×××先生"的字样。例如,当拜访名人、长辈、职位高的人时,为了避免被拒绝的尴尬局面,可先请人代递上一张名片,作为通报和自我介绍。

(三)介绍他人

有时候需要为自己的朋友作"媒人",介绍他去认识另外一个人,如果自己不能同行,可以在自己的名片上写上相关内容,并将自己的名片别在被介绍人的名片上。这时候这张名片也就充当了一部分介绍信的功能。

(四)其他场合

表示祝贺。向他人表示祝贺,而自己无法亲自到场时,可以送上自己的礼物,并在礼物上附上一张自己的名片,并写上贺词,这个时候名片具有一定的贺卡的作用。

代替请柬。在非正式邀请中,可用名片代替请柬,并写明时间、地点和内容;但在正式场合就不能以名片来代替请柬。

业务宣传。在名片上印上公司的业务范围,在进行业务往来时,名片是公司的招牌,具有类似广告的作用,可使对方了解自己所负责的业务。

通知变更。一旦调任、迁居或更换电话号码,送给商务伙伴、亲朋好友一张更新了内容的新名片,等于及时而又礼貌地打了招呼。

当然也有些场合是无须递送名片的。一是面对陌生人,且自己也不打算认识对方,也无人为你们做介绍时。二是没有与对方进一步联系的可能和打算,这种情况下也没有必要递上名片。三是对方毫无兴趣,那就不要强人所难,强递名片。四是对方是经常见到的朋友、同事,因为名片最主要的作用就是介绍,如果双方是熟人,就不用多此一举了。五是当双方地位、身份、年龄差别很大时无须递送名片。

三、递送名片

在递送名片时要注意以下几个方面。

(一)态度庄重

名片代表一个人的身份,所以自己要尊重自己的名片。要重视每一次递送名片,我们在大街上常常看到有人不分对象、不分时间、见人就派送名片,把自己的名片当成广告单,这也就难怪路人大多是顺手扔掉了。所以,要想让自己的名片受到他人的尊重,首先自己在递送时态度就要庄重。

(二)讲究顺序

向他人递送名片,大多是在与人初识、自我介绍之后或经他人介绍之后进行。一般来说,地位低的人先向地位高的人递送名片,男士先向女士递送名片,职位低的先向职位高的递送,主人先向客人递送名片,晚辈先向长辈递送名片。接到名片的一方一般应回赠对方自己的名片。讲到主人先向客人递名片这一点,需要强调的是,这里的"主人""客人"是指在主人宴请客人的场合,或者主人邀请客人参加某活动的场合;若是不速之客,则客人应先向主人递上名片,让主人知晓客人的身份。

递送名片时,如果对方不止一人,应先将名片递给职务较高或年龄较大的人,如分不清对方职务高低和年龄大小,可依照远近依次递送,由近及远,或沿圆桌顺时针顺序递送。

当递送名片一方有多人时,应由职位高者先递送,职位低者不要迫不及待地抢先递送自己的名片。

(三) 动作要领

递送名片时,应面带微笑,正视对方,恭敬地用双手的拇指和食指分别捏住名片上端的两角,将名片送到对方胸前,正面朝着对方,即字体正对着对方,对方接过名片后无须再转过来看或翻过来看。如果是坐着,应起身或欠身递送名片,递送名片时可以说"我叫×××,这是我的名片,请笑纳"或"请多多关照"之类的客气话。名片应当以齐胸的高度递出。来访者、男性、身份低者递送名片时应该使自己的名片低于对方的名片,以示尊敬。

(四) 注意事项

(1) 向多人递送名片时,应给在场的人每人一张,不要落下某一位,让其产生厚此薄彼之感;而当需递送名片一方人较多时,则应让地位较高者先向对方递送名片。

(2) 不要用左手递送名片,不要将名片举得高于胸部,更不要用手指夹着名片递送。

(3) 如果对方为外宾,可先留意对方是单手还是双手递送名片,随后跟着模仿。欧美人、阿拉伯人、印度人惯于用一只手与人交换名片;日本人则喜欢用右手递送自己的名片,左手接对方的名片。

(4) 在参加商务活动时,要提前准备好名片并放在易于取出的地方,出门前最好检查一下。随身所带的名片,最好放在专用的名片包、名片夹里,不要放在钱包里。

(5) 不要在同一次活动中重复向某一个人递送名片。

四、接取名片

(一) 步骤

接取名片的步骤可以总结为:一接、二读、三放、四存。这是一个完整的过程,很多人只关注第一个步骤,其实只有完成了后三个步骤才算是完成接取名片的整个过程。

1. 接名片

接受他人的名片时,应起身或欠身,面带微笑,恭敬地用双手的拇指和食指接住名片的下方两角,并轻声说"谢谢""能得到您的名片十分荣幸"等。如对方地位较高或有一定知名度,则可说"久仰大名"之类的赞美之辞。

接过名片之后,若是仍然站着谈话,名片就一定要拿在齐胸的高度,若是坐下应将名片放在桌子上。

2. 读名片

接过名片后,应当着对方的面,用30秒钟以上的时间,仔细把对方的名片读一遍。读名片时可以适当地强调对方名片上比较重要的信息,注意语音轻重,有抑扬顿挫,重音应放在对方的职务、职称,尤其是放在彰显对方荣耀的信息上。

在读名片的时候,碰到自己不会读的字,或有不懂之处应当立即请教,如"尊号怎么念",不要想当然地乱读,如果不小心把别人的姓名读错,应向对方致歉,读错他人姓名、随意曲解他人姓名是失礼的。

3. 放名片

读完对方的名片之后,应当着对方的面郑重地将名片放入自己的名片盒或名片夹之中,以示尊重;如果没有名片夹或名片盒,可以把名片放在上衣口袋内(西装左胸内侧口袋)。名片盒、名片夹可放在公文包内。

4. 保存名片

商务人员接受的名片数量不断增多,为了提高查找名片的效率,一定要合理地保存名片,并定期进行整理。

要及时把所收到的名片加以分类、整理、保存,以便日后使用。不要将名片随意夹在书刊、文件资料中,更不能把它随便扔在抽屉里。整理名片要讲究方式方法,如可按姓名拼音字母分类,按姓名笔划分类,按部门、行业分类,按国别、地区分类;也可把各种名片的信息录入电脑中,这样能够充分利用电脑的快速检索功能。

要留心他人职务、职业、住址、电话等信息的变动,并及时记下有关的变化,以便通过名片掌握每个客户、朋友的真实信息。最好把同一个人的名片固定放在一起,即使对方的单位、职务发生了变化,但人还是这个人,这样存放也便于了解其职业背景。

(二)接取名片的禁忌

1. 不看不记

接过他人名片之后,一眼不看,或漫不经心地随手往衣袋或手袋里一塞,之后又询问对方姓名,这是很不礼貌的做法,而放进口袋之后又拿出来观看,也会令对方有被忘记的不快,这些都是应当避免的。

2. 放置不当

接过他人的名片后要将名片放置在合适的地方。不要放在裤子后面的口袋里,不要用文件、茶杯或其他的物品压住对方的名片。随意地乱塞、乱放他人名片是对他人的不尊重。

3. 乱写乱玩

切不可在他人的名片上面乱写乱画,这是对他人不尊重的表现。同时,接受他人的名片之后,不要一边谈话一边玩弄名片,如卷成烟卷状、折成纸飞机、折个小帆船等,到谈话结束之时,名片已经是"面目全非""惨不忍睹"。切记:名片不是简单的一张纸,它代表的就是对方本人。

五、索要名片

在商务交往中,如果商务人员想与对方有进一步的联系,但对方没有递送名片,这时就需要向对方索要名片。索要名片的常规做法有以下几种:一是向对方提议交换名片,这多用于有一定认识或了解的人,但因为长久未联系,可能双方或某一方的身份发生变化,这时可以提议交换名片;二是主动递上本人名片,一般情况下,对方出于礼貌,也会递出自己的名片;三是委婉地索要名片,如向尊长索取名片时,可以先赞美对方,然后说"今后该如何向您老请教"。

当商务人员被他人索要名片但又不想给对方时,应采用委婉的方式,如可以说"对不起,我忘了带名片"或者"抱歉,我的名片用完了"。当商务人员认为索要名片的人比较重要但自己的名片用完了而不能给对方时,应向对方表示歉意,然后表示事后一定寄给他或亲自送上门。

课堂实训

一、技能题

以小组为单位,根据以下材料演练见面礼仪。选择几个小组上台展示,录制小视频,教师和全体同学进行点评。

情景:DJ公司经理(张强)及助理(张小莉)2人前往公司大门口迎接SC公司经理(李强)及助理(李小成)、秘书(李艳)等3人。

要求:演练见面时的称呼、介绍、握手、递送名片的礼仪。

二、案例题

小丽是TD公司杜经理的助理,工作积极,多次受到经理的表扬,小丽并没有因此而骄傲自满,而是更加努力。有一天,杜经理带小丽去参加某合作伙伴公司的庆典活动,到了活动现场,对方公司的经理及几位工作人员已在大门口处迎接。杜经理和小丽走上前去,小丽微笑着递上自己的名片:"三位好!我是TD公司的经理助理小丽,这是我的名片,以后请多多关照!"杜经理随后也递上了名片。

请分析小丽的做法有何不妥之处。请演示正确的操作方法。

任务四　握手礼仪

案例导入

张强是一位刚步入职场的业务员,这天他在公司一楼大厅遇到了公司的总经理,张强觉得自己作为公司的新人,应当充分表达对领导的尊重,同时也给领导留个好印象。于是,张强快步向前,微笑着说道:"总经理好,我是公司新入职的业务部业务员张强……"一边说着,张强一边伸出双手,紧紧握住了总经理的右手。总经理先是一怔,随后眉头微蹙,欲言又止。

张强的这次握手为什么没有收到他期待的效果呢?

任务目标

1. 掌握握手的顺序、动作要领。
2. 知晓握手的禁忌。

相关知识

得体的握手能够传递友谊、热情、鼓励、欢迎等许多信息,可是不得体的握手则会传递轻视、令人厌烦等信息,甚至可能会引发双方之间的矛盾。握手的力度、时间的长短、方式、顺序等都是有一定的讲究的。

一、握手礼的使用范围

中国人以前见面鞠躬作揖,现在则流行握手礼;欧美国家常见的见面礼节有拥抱礼、亲吻礼;在韩国、朝鲜、日本,鞠躬礼则比较流行。但是现在握手礼已成为最常用的、在国际上通行的见面礼节,运用的范围也越来越广。

二、不同场合的握手

在不同的场合,握手所表达的含义也不同。当遇到久未谋面的朋友、同事,在与对方交谈之时,不要忘了和对方握手,这可以更好地传递这种见面后的欣喜之情。

当被介绍给之前不认识的人时,规范的握手既可以加深双方之间的印象,同时也会为双方未来的友谊奠定一定的基础。

东道主在迎接客人到来之时,主动热情的握手代表了东道主对客人的欢迎之情。

在得到他人的支持、鼓励或帮助之时,与对方握手可表达自己的感激之情。

在他人遭遇挫折或不幸时,伸出你温暖有力的手与对方相握,往往会给对方增添信心和直面困难的勇气。

在为他人颁发奖品时,握手可以让对方深切地感受到你的祝贺和鼓励,同时也可以增强他的荣誉感。

三、握手的动作要领

(一) 掌势

按照握手时掌势的不同,握手可以分为平等式握手、谦虚式握手、控制式握手、双手相握式。

平等式握手:手掌基本与地面垂直,手尖稍稍向侧下方伸出,四指并拢,拇指张开,这种握手方式比较适合初次相识的人。

谦虚式握手:掌心向上与对方握手,这种握手方式显得比较谦虚谨慎。但是男士与年轻女士握手时采用这种握法,那就不合适了。

控制式握手:掌心向下与对方握手,这种握手方式显得高傲自大,有控制欲望,最好不要采用,特别是跟长辈、上级握手时千万不能用这种方式。

双手相握式:用右手握住对方右手后,再以左手握住对方右手的手背,这种方式适用于亲朋好友之间,以表达自己的深情厚谊,不适合初识者或一般的异性朋友之间使用。如果男士与初次见面的女士握手时采用这种方式,容易给人以过度殷勤之感。

(二) 时间

与他人握手时,一定要把握好握手时间的长短。一般来说,握手的时间不能太短,也不能太长,和他人握手最佳的时长应该是三到五秒钟。

1. 关于握手时间较长的情况

对于久未谋面的老朋友,握手的时间可以长一些,有时候甚至可以握住一直不放,边握着手边交谈,这种情况我们也经常见到。但如果是男士与女士初次见面,久久握住女士的手不放,这不仅仅是失礼的问题,严重的可能会引起对方的反感。在向他人表示鼓励、慰问和表达热情时,握手的时间也可以稍微延长,但也要适可而止。

2. 关于握手时间较短的情况

一般来说,握手时间太短也是不合适的。有些女士在握手时只伸出自己的四根手指,整个手掌都不愿意摊开,这样握手很容易使对方感觉:这位女士在"施舍"一次握手。还有些女士与男士握手时,对方的手几乎还没有碰到,她就像触电似的把手缩回来,使男士很尴尬。这些做法都是失礼的。

(三) 力度

握手时的力度要恰到好处。久未谋面的老朋友见面握手时,可以紧紧相握,即使握的力度大些也没关系,反而会增添亲切和喜悦之情。对于一般的朋友,用力稍大也可以显示热情,但力度不能太大,否则会有示威、挑衅的意味。下级有力地握上级的手,上级以同样的力度回报,这样会让下级感受到上级的感召力和信任感。握手力度不够,容易给对方以无精打采、缺乏朝气之感。握手力度太小或仅以手指尖与对方手掌稍稍接触是敷衍了事的表现。

(四) 姿势

与他人握手时应起身站立,面含笑意,神态专注,友好热情,自然大方。握手时双方的最佳距离为一米左右,太远容易让对方产生距离感,有受冷落的感觉;太近则容易显得缩手缩脚,不雅观,也不大方。双方握手时,两手形成一个直角。握手时应注视对方。为表示尊敬(与长者、身份高者握手),握手时上身应略微前倾,头略低一些。

(五) 问候

握手时应根据交往的对象进行恰当的问候,例如,对远道而来的客人,可以说"欢迎光临""旅途辛苦了"等话语;对第一次认识的朋友可以说"幸会""很高兴认识你"等话语;老朋友见面时可以说"别来无恙";送别客人时可以祝对方"一路平安"。握手时若一言不发,会给人以不愿意握手之感。有的人在握手时,"身在曹营心在汉",边握手边跟其他人打招呼。例如,小李跟王主任握着手,小李说:"王主任,你好!"王主任却向别人打招呼:"老马、老张,你们都来了。"在社交场合,尤其是在正规场合,此类表现是非常失礼的。

四、握手的顺序

(一) 双方握手

握手的顺序是有讲究的,应坚持"尊者优先伸手"原则。女士与男士握手,应由女士首先伸出手来。年长者与年幼者握手,应由年长者首先伸出手来。已婚者与未婚者握手,应由已婚者首先伸出手来。长辈与晚辈握手,应由长辈首先伸出手来。先到者与后来者握手,应由先到者首先伸出手来。接待客人时,主人先伸出手以表示对客人的欢迎,无论客人是男士还是女士,主人都应先伸出手以示欢迎;客人告辞时则客人应先伸出手以示"再见""请留步"。如果客人到来时,主人迟迟不伸出手和客人握手,会向客人传递"不欢迎""不热情"的信息;但是当客人提出要告辞时,主人却立刻伸出手,就会有"逐客"之嫌了。

在正式的场合判断握手顺序时首先考虑的因素是个人的职位、身份、地位,在非正式场合判断握手顺序时首先考虑的因素则是个人年龄、性别、婚否等。例如,女士职务低于男士,在商务谈判中,男士应先伸手与女士相握;但若是在舞会上相遇,女士则拥有优先伸手的权利。

(二) 多人握手

多人握手包括一人同多人握手、多人同一人握手两种情形。

(1) 一人同多人握手时,可以采用的顺序有三种。

一是遵守由尊至卑的顺序,先与对方身份高者握手,再与对方身份低者握手。例如,商务人员和客户公司的经理及助理见面,应当先与经理握手,再与助理握手,而不要采用相反的顺序。虽然对方尊卑有别,但商务人员在与对方握手的时候,要注意与他们的握手时间大体上要相同。不要出现与"重要"的人士握手时,迟迟不肯放手,与"不重要"的人士握手时,手掌尚未握稳就急于脱手的情况,这容易给人留下"厚此薄彼"的印象。

二是当分不清对方的尊卑次序时,可以按照由近及远的顺序握手。

三是按照顺时针方向握手,宴请时的握手就常采用这种顺序,从主宾开始,然后按照顺时针进行。

(2) 多人同一人握手时,应请己方身份地位高的人先与对方握手,轮到自己的时候再伸手。例如,甲公司的代表团一行三人(主管、副主管、文员)到乙公司参加正式的商务活动,在与乙公司负责接待的负责人握手时,甲公司的人要按照尊卑顺序与对方握手,也就是主管与对方先握手,然后是副主管与对方握手,最后才是文员与对方握手,副主管、文员抢先伸出手则是失礼的表现。

在商务场合,有些人不太注意与他人握手的先后顺序问题,当商务人员碰到这样违反顺序先伸出手的情况时,也应毫不迟疑地立即回握,对对方先伸出来的手视若不见,或过于斤斤计较,和对方理论,甚至拒绝与对方握手,这些都是极为失礼的行为。

五、握手的禁忌

(1) 心不在焉。握手时眼睛不看着对方,表情呆板,眼神迷离,或东张西望,这种"身在曹营心在汉"的做法,容易伤害对方的自尊心。

(2) 用左手握手。国际上通行的做法是用右手握手,而不能用左手。

(3) 戴手套握手。戴着手套跟他人握手,容易让对方感到自己被嫌弃。这样,本来可以传递友谊的握手行为,就变成了阻碍友谊发展的绊脚石。所以,握手时一定要摘除手套,以示对对方的尊重。有一种情况例外:女士在一些社交场合,为了搭配裙装而戴的薄纱手套可以不摘,这种手套是装饰性的,没有必要摘下来。

(4) 交叉握手。当他人正在握手的时候,不要将双手架在他们握着的双手上和别人握手。尤其在国际交往中,西方人认为这种握手方式是不吉利的。

(5) 坐着握手。不要坐着握手,除非是行动不便的老人或体弱者。有时候由于空间限制,可以坐着握手,但也应当适当地欠身。

(6) 不按顺序握手。在握手时争先恐后是失礼的表现,应当依照握手的顺序依次进行。

(7) 握手时用力不当、时间长短不当。不要在握手时把对方的手拉过来、推过去,或者上下左右抖个不停。握手时间太长或太短都是不合适的。

(8) 强行握手。当对方不便于握手时,不要强行与对方握手,可以稍等片刻或点头示意。当对方正在打电话、用餐、主持会议、与他人交谈时,或对方离自己较远,所处环境不适合握手时,不要勉强与对方握手。

(9) 戴着墨镜、帽子与他人握手。隔着墨镜看人、与人握手,戴着帽子与人握手,都是失礼的。

(10) 抢先与女士握手。急不可待地与女士握手,这是没有风度的表现。

(11) 用湿的、脏的手与他人握手,这会让对方有不舒服的感觉。当对方的手已经伸出来,可是此时自己的手是湿的或脏的,这时可以向对方表示歉意:"不好意思,我的手上有水""对不起!我的手现在有点儿脏"。如果对方表示不介意,则可以坦然与之相握。当然,当他人用湿的或脏的手与我们握手后,不要当众揩拭手掌,当众揩拭手掌的潜台词就是"我嫌你脏"。

(12) 左手放置不当。当我们用右手与他人相握时,左手不要拿着报纸、公文包等东西不放,也不要插在裤兜里。

课堂实训

一、技能题

握手体验活动。通过男女生握手以及师生握手,体验握手的力度、时长、顺序、动作要领等。

男女生握手训练,具体操作过程为:第一步,请一组男生上台排成一排;第二步,请一组女生上台分别与这些男生逐一握手;第三步,请握手的同学谈谈握手的体验(主要包括握手的力度、时长、顺序、动作要领等);第四步,教师和其他同学点评;第五步,在点评的基础上,再进行多次训练,同步拍摄演练小视频。

师生握手训练,具体操作过程为:第一步,请一组学生上台排成一排;第二步,老师与这些学生逐一握手;第三步,请握手的学生谈握手的体验(主要包括握手力度、时长、动作要领等);第四步,教师和其他同学点评。

二、案例题

为了能顺利找到工作,毕业前张丽在面试礼仪上狠下了一番功夫。面试还算顺利,问题回答完毕,张丽起身向准上司告辞,谁知准上司坚持要送张丽到电梯间,于是问题就来了。刚才进入考场,准上司坐在办公桌后,张丽只需要向他颔首微笑就算打过招呼了。现在两人面对面站着,电梯马上就要到了,似乎应该客套几句,握手告别才对。张丽平时在网上搜集来的面试礼仪"宝典"说:"在需要握手时,下级或晚辈应该等上级或长辈先伸出手后再行握手礼;男士应该等女士首先伸出手后再行握手礼。"张丽突然意识到一个矛盾——对方是上级,但是男士;自己是下级,但是女士。"宝典"里完全没提这种情况,怎么办?她一边内心挣扎一边观察准上司的表情,但他始终毫无表示,一直在介绍企业文化与历史业绩。张丽的手指一会伸直一会又蜷起,始终没有勇气伸出右手。终于电梯来了,在慌乱中她转身一把握住了一位男士的手摇了摇,说了声"再见,请留步",就仓皇逃入电梯而去。

一周后张丽收到上司的邮件,通知她尽快到人事部门报到。邮件最后附了一句让她很羞愧的话:"可否告诉我,面试那天你为何与电梯间的陌生男子握手?"

请结合张丽握手的案例谈谈如何把握握手的顺序。

任务五 交谈礼仪

案例导入

王蒙是一位汽车销售员,有一天他接待了一位想买汽车的顾客,他向顾客推荐了店里最好的一款新型车,一切进展得都很顺利,眼看就要签单成交了,但不知道什么原因,顾客突然决定不买了。王蒙百思不得其解,最后忍不住给那位顾客打电话探明原因,那位顾客回答说:"今天下午你为什么不用心听我说话?就在签字之前,我提到我的儿子即将进入名牌大学就读,我还跟你说我以他为荣,可你根本没有听我说这些话,只是在不停地催我签字,根本不在乎我说什么,我不愿意从一个不尊重我的人那里买东西。"

任务目标

1. 掌握交谈的基本原则。
2. 掌握交谈的技巧和方法。
3. 知晓交谈中的禁忌。

相关知识

一、交谈的作用

交谈是一门艺术,是人与人之间表达感情、传递信息、增进友谊的一种方式,也是工作能力、社交能力的综合体现。交谈的艺术性体现在:交谈无处不在,但效果迥然。"酒逢知己千杯少,话不投机半句多",印证了交谈质量的优劣直接决定着交谈的效果。一次成功的谈话,不仅能实现自己的预想目标,获得知识、信息乃至经济上的收益,还能赢得他人的信任和关爱。

日常工作生活中,交谈是建立良好人际关系的重要途径,是连接人与人之间思想感情的枢纽,是增进友谊、加强团结的动力。"良言一句三冬暖,恶语伤人六月寒",说明交谈在交往中的作用是举足轻重的。一个善于交谈的人,不仅能广交朋友,而且能赢得他人的尊重,给自己带来友情。在现实生活中,我们经常看到有些人因交谈中言语不当而吵架,甚至引发更大的矛盾。

交谈不仅是人们交流思想的重要方式,还是学习知识的重要途径。多同有思想、有修养的人交谈,就能学到很多有用的知识。广泛地交谈可以交流信息、深化思想,增强认识问题和解决问题的能力。因此,掌握交谈的基本原则、交谈的技巧和方法等,对商务人员提高工作水平和工作效率具有极其重要的作用。同时,在交谈过程中还要保持尊重对方、谦虚礼让、善解人意等良好的礼仪修养。

二、交谈的基本原则

(一) 真诚相待

真诚是一种态度,也关乎一个人的品格。交谈双方态度认真、诚恳,才能有融洽的交谈环境,才能奠定交谈成功的基础。真心实意的交流是自信的结果,是信任人的表现,只有用自己的真情激起对方感情的共鸣,交谈才能取得满意的效果。

(二) 互相尊重

交谈是一种思想、情感的交流和融合。要取得满意的交谈效果,就必须顾及对方的心理需求。交谈中,任何人都希望得到对方的尊重。交谈双方无论地位高低,年龄大小,在人格上都是平等的,切不可盛气凌人、自以为是、唯我独尊。谈话时,要把对方作为平等的交流对象,在心理上、语言上、语调上体现出对对方的尊重。尽量使用礼貌用语,谈到自己时要谦虚,谈到对方时要表示尊重。恰当地运用敬语和自谦语,不仅体现了个人的修养、风度和礼貌,更有助于交谈的成功。

三、交谈的技巧和方法

(一) 循序渐进

(1) 交谈要从容不迫。如果双方是朋友、熟人,见面后可以先谈谈别后的情况和现在各目的情况,再转入正题,这样不至于造成生疏、做作、不自然的窘迫情况。

(2)如果双方是初次见面,也应该先进行一些必要的寒暄,选择一些易沟通的话题简单交流一下,例如各自作个简单的介绍,从工作单位、家庭成员、乡土风俗等谈起,待气氛融洽后,再转入正题。

(二)态度真诚,亲切自然

(1)交谈时应以一颗真诚的心亲切自然地对待他人,切忌虚情假意,大搞"外交辞令"。

(2)交谈时要就事论事,围绕主题,不要装腔作势,夸夸其谈;不要胡乱恭维、过度赞美他人;不要向他人夸耀自己的成功,转弯抹角地自我吹嘘,以避免对方产生厌烦情绪。

(3)交谈时,听到赞美之言,应表现出谦逊;听到批评之言,不要表现出不高兴和过多的解释;回答问话时,要表现出友好的态度,表现出自己的诚意。

(三)神情专注

(1)交谈时,神态要自然、大方,正视对方,认真倾听;认同对方的观点时,应以微笑、点头等动作表示同意;不认同对方的观点时,要礼貌委婉地表达。

(2)交谈时切忌神情茫然、东张西望、似听非听,或者翻阅书报、玩弄手机等;也不要打哈欠、伸懒腰,做出一副疲惫不堪的样子,或者不时看看钟表,显得心不在焉。另外,不停地抖腿、转动手中的笔、两手紧握并弄得关节嘎嘎作响,都是在交谈时不应有的表现。

(四)察言观色

(1)交谈时要注意对方的情绪反馈。当对方在阐述自己的观点时,商务人员要通过适当的眼神、手势或其他形体语言让对方感觉到你在认真倾听,或及时适当地使用一些语气词,或用简单的语句进行反馈,如"啊""是吗""那太好了""讲得对"等来烘托渲染谈话气氛,激发对方的谈话兴致;如果对方滔滔不绝,商务人员却如泥塑一般,对对方的谈话不置可否,这也是失礼的表现,同时也损害了自身的形象。

(2)交谈时要注意寻找对方情绪好、心境好、兴致高的时机,善于运用对方感兴趣、有研究、有体会又乐于谈论和发表看法的内容吸引对方,巧妙营造交谈氛围。

(五)实事求是

在交谈过程中,商务人员要实事求是,不要虚构事实;不要自吹自擂、自我标榜和一味抬高自己;也不要妄自菲薄、自我贬低、自轻自贱、过度谦虚客套。

(六)学会聆听

在对方表达观点时,商务人员要认真聆听,不要随意打断、插话、抢话,具体要注意四种情况的处理:正确的意见——表示赞同;无原则的问题——不必细究;有原则的问题——婉转相告;不合理的要求——婉言谢绝。

(七)懂得礼让

在交谈中,商务人员应以对方为中心,礼让、尊重对方,有不一样的观点时要求同存异,不要强词夺理、无端抬杠。

(八)语言表达要委婉

在交谈中,应力求语言含蓄温和。例如,其间想去洗手间,不便直接说"我去厕所",则可以说"对不起,我出去一下,很快回来",或其他比较委婉的说法。

四、交谈的话题

交谈的话题是指交谈的中心内容。交谈的话题是由交谈双方一起构筑的。

(一) 适宜选择的话题

1. 约定的话题

约定的话题是指交谈双方事先已商定的主题,或者其中一方事先准备好的话题。这种话题适用于正式交谈,如研究工作、请人帮忙、讨论问题、征求意见等。

2. 轻松的话题

轻松的话题是指令人愉快、身心放松、有趣的话题,如休闲娱乐、体育运动、旅游观光、风土人情、名胜古迹等。这种话题适合非正式交谈。

3. 高雅的话题

高雅的话题是指内容高雅,格调高尚、脱俗的话题,如文学、艺术、哲学、历史、地理等。这种话题适合各种交谈。

4. 时尚的话题

时尚的话题是指以正在流行的事物作为谈论中心的话题,如股市、汽车、服装、音乐、电影、电视等。这种话题适合各种交谈。

(二) 不宜选择的话题

并不是任何事情都可以作为交谈的话题的,具体来说有以下几方面不宜选择的话题。

1. 个人隐私

收入、年龄、健康状况、婚姻状况、家庭住址等都属于个人隐私,一般不适合作为交谈的话题。随着社会的进步,人们对隐私越来越尊重,所以在交谈中凡涉及个人隐私的一切话题均应回避。

2. 非议他人

与人交谈时不要非议他人,不在背后议论领导、同行和同事,也不传闲话,这不仅是个人修养的表现,也是社会公德的体现。

3. 格调不高的话题

在社交场合,不要以荒诞离奇、耸人听闻、家长里短的内容为话题,也不要开低级庸俗的玩笑,更不要嘲弄他人的生理缺陷。

4. 国家秘密和行业秘密

与人交谈时不要以涉及国家秘密与行业秘密的内容为话题。

5. 政治、宗教。

在涉外场合,一般不要谈论当事国的政治问题,也不应随便议论他人的宗教信仰,对某些风俗习惯、个人爱好也不要妄加非议。

五、交谈中的禁忌

在交谈中,切忌一言不发,使交谈冷场;在他人说话时,不要突然插上一句,打断对方;不要乱用方言、俚语、外语,使他人听不懂;不要使用不文明的语言;不要油腔滑调,取笑他人;不要没完没了,啰唆重复;不要与他人争辩,自以为一贯正确,不时纠正他人,置疑他人;不可恶语伤人,挑拨离间,搬弄是非。

六、交谈中常用礼貌用语

初次见面说久仰,看望别人说拜访;

请人勿送用留步,好久不见说久违;

请人帮忙说劳驾,求人方便说借光;

请人指导说请教,请人指点说赐教;
赞人见解说高见,归还物品叫奉还;
欢迎购买叫光顾,老人年龄称高寿;
客人来到说光临,中途先走说失陪;
赠送作品用斧正,求人原谅说包涵;
麻烦别人说打扰,托人办事用拜托;
与人分别用告辞,请人解答用请问;
赠送礼品说笑纳,表示感谢用多谢。

课堂实训

一、技能题

根据以下材料,以小组为单位,结合本节课所学礼仪知识进行演练,请部分小组派代表上台展示,教师和同学们点评各组的表现,选出最佳演练小组。

1. 经理助理张强受经理的委托到机场迎接远道而来的客商刘先生,张强在接到刘先生后陪同刘先生前往公司安排入住的酒店,从机场到酒店大约有一个小时的车程。请演练张强在陪同刘先生乘车时两人交谈的过程。

2. 在一次商务宴请中,ZJ电子公司的张强认识了邻座LD服饰公司的李丽。请演练用餐过程中二人的交谈。

二、案例题

1. 某公司打算于近日为员工购买一份保险,保险业务员小凡前往该公司进行洽谈,办公室小张热情地接待了他。闲聊中,得知小张是某省人,小凡便随口说:"你们那个地方人很善良,民风淳朴,不像××省的人,净出骗子。"这时,负责与他洽谈的该公司汪经理正好进来,听了小凡的话,汪经理说:"不好意思,我们公司决定暂时不买保险了,您请回吧。"随后,汪经理又吩咐小张拨打了另一家保险公司的电话。原来,汪经理的老家正是小凡说的××省。

根据以上案例分析保险业务员小凡失败的根本原因,他违背了交谈中的什么原则?

2. 在某地一辆公共汽车上,一位乘客与乘务员之间发生了争吵。

乘务员:往里走,塞在门口为哪样?

乘　客:同志,态度好一点嘛!

乘务员:态度?态度多少钱一斤?

乘　客:刚才我不是跟你说了嘛,我到下一站就下车。

乘务员:我不也是跟你说了吗,你花了几毛钱,还想要买什么态度?

请分析该案例中乘客与乘务员交谈中的不妥之处。

3. 严先生和人聊天时常常说:"我刚刚讲到哪里?"与人交谈时,只要有一个短暂的电话插入,哪怕只有几秒钟,挂掉电话后,他一定会问:"电话进来之前,我们说到哪里了?"在餐厅用餐时,服务员中途上菜,话题一经打断,他也要问:"我刚才说了些什么?"听到这句话的朋友虽然多半不太愉快,但还是耐着性子重复一次刚才的谈话。

然而有一次,严先生问一位年轻的女士:"我刚刚说到哪里了?"那位女士回答:"我也忘了,大概没有什么重要的事吧!"严先生感到十分尴尬。

请分析该案例并思考交谈中应注意哪些礼仪。

项目四
迎送礼仪

　　商务场合少不了迎来送往,商务人员在迎接客户与送别客户时经常要考虑到接待、拜访、商务用车、通信、馈赠等多个环节。本项目迎送礼仪包括五个方面:接待礼仪、拜访礼仪、乘车礼仪、通信礼仪、馈赠礼仪。

任务一　拜访礼仪

案例导入

小刘是一名销售人员,他工作的主要内容就是拜访客户。关于拜访客户,小刘认为:在刚拜访客户的时候,可以先简单介绍一下自己,接着要多想办法去了解客户。比如客户对什么话题感兴趣,客户喜欢什么东西等,但在聊这些问题之前,要先做好准备,比如了解客户的公司,了解客户公司的行业发展,等等。有了这些话题后,跟客户才有话聊。有一些销售人员,拜访客户时只准备好如何介绍自己的产品,却很少去了解客户的信息,很少了解客户关心的是什么。其实,我们拜访客户的时候,客户就知道我们的目的,如果我们总是跟客户聊产品,会让客户很有警惕性,甚至产生反感。但如果我们是用关心的态度去拜访客户,客户也是会感受到我们的关心的。

从小刘拜访客户的经验中你得到了什么样的启发?

任务目标

1. 知晓拜访前的准备工作。
2. 熟知商务拜访中的举止礼仪。

相关知识

拜访是商务活动常用的交际形式,商务人员应注重感情的沟通,更应注重举止礼仪。商务人员在拜访中的礼仪表现,不仅关乎个人的素养,还关乎其所代表的组织形象。

一、拜访前的准备工作

拜访客户或朋友,务必选好时机,这是进行拜访活动的首要原则。在与拜访对象进行预约前,商务人员应做好以下准备工作。

(一) 选择预约方式

预约的方式一般有三种,即电话预约、当面预约、书信预约。无论是哪种预约,语气和语言一定是友好、请求、商量式的,而不能以强求命令式的语气要求对方。

在交往中,未曾约定的拜访是失礼的。如果有紧急情况必须临时前去拜访时,一定要向拜访对象解释清楚并表示歉意。

(二) 约定拜访时间

约定拜访时间时,需要注意以下几个方面。

(1) 如果是公务拜访,应该选择对方上班的时间。但一定要注意避开对方工作繁忙的时间段、吃饭和休息的时间段。例如,一般来说,星期一上午是工作最繁忙的时间,对方可能因商洽或会议而忙得不可开交,如果此时进行公务拜访,必然会给对方带来不便。

(2) 如果是私人拜访,应以不影响拜访对象休息为原则,尽量避免在吃饭、午休或者晚间的十点钟以后登门。

(3) 约定拜访时间时，不仅要说明自己到达的时间，还要说明自己离开的大致时间。

（三）选择拜访地点

商务人员应根据拜访对象的所在位置和自己的拜访主题来选择合适的拜访地点。总的来说，拜访地点主要有以下几种。

(1) 办公区域。如果商务人员需要拜访客户，将拜访地点选择在客户的办公区域即可。

(2) 私人住宅。如关系较熟，在拜访对象同意的情况下，可选择前去其私人住宅拜访。

(3) 休闲娱乐场所。除了上述两个地点外，商务人员也可选择咖啡厅、茶楼等作为拜访地点。

（四）明确拜访人数

(1) 拜访前，商务人员应事先告知对方具体人数，也就是说会有几个人去拜访，这一点是非常重要的。拜访人数一经确定，不要随意变动，尤其是主要成员。例如，重要的领导往往是拜访对象关注的焦点人物，如果随意变动，会打乱拜访对象的计划和安排，影响拜访效果。

(2) 在私人拜访活动中，明确拜访人数对于拜访对象来说是一种尊重。明确拜访的人数，还可以避免不宜会面的人相遇。

（五）确定拜访主题

拜访他人之前，商务人员要根据自己拜访的目的来确定拜访主题，并提前告知对方，以便对方能够妥善从容地做好交谈的准备，也可节省双方的时间。

（六）再次确认拜访事宜

拜访出行前，商务人员应通过电话等方式和对方再次确认，以避免对方临时有一些不可预见的事情而无法接受拜访。

二、商务拜访中的举止礼仪

（一）守时守约

商务人员必须遵守约定好的拜访时间，最好提前5分钟到达，但也不要太早到，否则可能让拜访对象措手不及。如果因特殊情况不能前往，应及时通知对方，轻易失约是极不礼貌的。如因故不得不迟到，应立即通知对方要晚一点到，并表达自己的歉意。如果拜访对象说要晚点到，商务人员也要先到，以便做一些准备工作。

（二）表明身份

如果拜访地点是拜访对象的办公区域，商务人员到达时，应告诉接待人员名字和约见的时间，最好递上名片以便接待人员清晰明了拜访者的身份。

（三）平静等待

若拜访对象晚到，作为拜访者的商务人员要保持平静的心情，不要通过打电话或聊天来消磨时间，也不要表现出不耐烦，要做到彬彬有礼，坦然处之。

（四）进入正题

当商务人员被引到拜访对象的办公室时，如果双方是第一次见面，商务人员应先作简单的自我介绍，并递上自己的名片；如果双方已经认识了，只要互相问候并握手即可。一般情况下，简单的寒暄后商务人员要尽快进入正题，清楚直接地表达自己要说的事情，不要海阔天空，讲无关紧要的客套话，以免浪费双方的时间。讲完后，商务人员应认真听取对方发表意见,若与对方意见不同时,不要随意打断,也不要争论不休,可以在对方讲完之后再发表自己的意见。

(五)适时告辞

在拜访目的基本实现或已到预约的结束时间时,商务人员应诚挚地表达自己的感谢之情,礼貌地和拜访对象告别。切忌在拜访对象说完一段话后立即起身告辞,这容易使人产生误解,也不要在另一位客人刚到时就告辞,应再坐片刻再走。当拜访对象有结束会见的表示时,商务人员应立即起身告辞。

课堂实训

一、技能题

根据以下材料,以小组为单位,拟写一份拜访客户的方案。请小组代表上台介绍本小组的拜访方案,教师和其他同学就拜访方案的可操作性以及周全性进行点评,最后评选出最佳方案。

新春佳节即将到来,ZD广告公司的业务经理张强打算拜访WS商业广场的总经理刘斌,想就商业广场的新年宣传促销广告活动达成业务合作。

二、案例题

李先生前往某市洽谈业务,顺便拜访其老客户周先生。在明确了只有李先生一个人后,周先生在一家饭店预定了一间四人小包房。李先生到达饭店后,就和周先生说:"刚刚在路上有几位同学也打电话邀请我去吃饭,我让他们全都来这里,您不介意吧?"很快,李先生的同学陆陆续续来了,共五个人。由于预定的小包房难以容纳七人用餐,而当时又是用餐的高峰期,无法更换大包房,结果这顿饭大家都没吃好。

请问李先生有哪些做法不妥当?

任务二 接待礼仪

案例导入

东北某集团公司A要和外地B企业进行合作。一切准备就绪后,B企业派来了全权代表。在欢迎晚宴上,集团公司A特别安排了东北名菜猪肉炖粉条和朝鲜族的特色菜炖狗肉来招待几位远道而来的客人。本来气氛和谐而热烈的晚宴,在压轴菜猪肉炖粉条和狗肉上桌后,其中两位重要客人的脸色一下子变了。事后接待人员才知道这两位客人是回民。最后,因为对客人信息了解不充分,这桩合作就泡了汤。

在接待客人时应注意的细节有哪些?

任务目标

1. 熟悉接待客人的准备工作。
2. 熟悉接待客人的礼仪。

相关知识

迎来送往是商务接待活动的重要环节,是体现主人情谊和个人素养的重要方面。尤其是迎接,如果能给客人留下好的第一印象,不仅有助于建立良好的人际关系,还有助于塑造好的个人形象、企业形象,为下一步合作奠定良好的基础。

一、接待前的准备工作

接待人员应准确掌握客人的单位、人数、身份、目的、将要商谈的事项等信息。对远道而来的客人,还应了解其抵达的准确日期、车次(航班)、时间以及食宿和日程的安排,做好交通工具的安排以及费用预算。根据客人提供的信息,按照客人的习惯、民族、兴趣爱好等做好食宿安排。

二、商务接待的礼仪

(一) 迎接客人

(1) 主方要按照客人的身份、职务等级安排身份相当、专业对口或宗教、习俗相近的人员接待。对于级别较高、身份较高的客人,主方有关领导应亲自迎接;对于一般客人,可由部门经理或总经理秘书代为迎接。

(2) 迎接人员应着西装提前到达机场、车站、码头恭候客人的到来,不能迟到,不能让客人久等,否则会给客人留下失礼和不守信用的印象。

(3) 到机场、车站、码头迎接时,如果迎接人员对所要迎接的客人不熟悉,需要准备写有"热烈欢迎×××"字样及本单位名称的迎接牌。

(4) 接到客人后,迎接人员应向客人问好,如果是第一次见面,应向客人作简单的自我介绍。

(二) 安顿客人

客人抵达后,迎接人员不宜立即谈公事,应先将客人安排到入住的酒店或待客厅休息,随后再将活动的计划、日程安排、背景材料、就餐地点、时间等告诉客人,并将自己的联系方式留下,以便及时联络,给客人留下充足的休息时间和空间。

(三) 组织活动

(1) 接待人员应按照接待方案组织客人进行商务洽谈、参观游览等活动。

(2) 接待人员应将客人在商务洽谈、游览活动中所提出的意见及时向有关领导反馈,尽可能满足客人的需求。

(四) 茶水礼仪

当客人进入会客间,按顺序落座后,接待人员应为客人安排茶水服务,为客人泡茶时,应注意做好问需、取茶、奉茶、顺序、方向、续茶等几个方面的工作。

问需:如有可能,适当询问客人的喜好,如"您是要白开水还是红茶"。

取茶:不可用手指直接抓取,而是应当用茶匙取茶,做到卫生文雅。

奉茶：为客人奉茶讲究双手奉上，以示热情。

顺序：为客人上茶时，可按照先客方后主方、尊者优先的原则。如果人数较多，也可按照远近顺序依次上茶。

方向：上茶时，茶杯多放置在客人的右手边，杯柄朝外，方便客人端取。

续茶：当客人的茶水不多时，要及时给客人续茶，不能让客人的茶杯长时间处于空杯状态。

（五）送别客人

（1）客人要离开时，主方应按照客人的要求为其安排返程时间，尽快为其预订机票、车票或船票。

（2）主方应根据客人的身份地位和迎接的规格确定送别的规格。一般来说，主要迎接人员都应参加送别活动。如果客人是贵宾，则应视具体情况举行专门的欢送仪式。送行人员可直接前往客人下榻处，与客人一起乘车到达机场、车站或码头。客人在上飞机、火车、轮船、汽车之前，送行人员应按照身份和职务的高低——与客人握手告别。在客人登上飞机、火车、轮船、汽车时，送行人员要向客人挥手致意，待客人在视野里消失后方可离去。

课堂实训

一、技能题

以小组为单位，演练主人为客人奉茶、客人品茶以及宾主交谈的情境。要求主人奉茶的礼仪要规范。演练完成后，各组上台展示，教师和其他同学进行点评。

二、案例题

1. A市与B市缔结友好城市，在某饭店举办大型中餐宴会，邀请A市著名的演员表演节目助兴。这位演员到达后，花了很长时间才找到自己的位置，当她入座后发现同桌的都是接送领导和客人的司机，演员感到自尊心受到了伤害，脸上露出不悦的表情。

本案例中演员为什么感到不悦？宴会组织方有什么地方做得不对？

2. 郭先生是外贸公司的业务经理，有一次，郭先生因为工作需要，设宴招待一位来自英国的生意伙伴A先生。有意思的是，一顿饭吃下来，令A先生最为欣赏的不是郭先生专门为其准备的菜肴，而是郭先生在陪同用餐时的一处细小的举止表现。用A先生的原话来讲就是："郭先生，你在用餐时一点儿响声都没有，使我感到你的确具有良好的教养。"

A先生为什么欣赏郭先生的举止表现？此案例说明了一个什么问题？

任务三　乘车礼仪

案例导入

某公司新入职员工小张担任公司总经理贾总的秘书。有一天，小张和贾总去客户公司进行商务洽谈，同行的还有财务部的钱总监。

当司机小李把五座小轿车开过来的时候，小张认为车前座的位置既敞亮又不用和别人挤，那应该是总经理的位置，于是走过去打开前面右侧车门请贾总上车。奇怪的是，贾总只是微微一笑而并没有上车,这时钱总监打开了后面右侧车门请贾总上了车,并对小张说:"还是你坐在前面吧。"钱总监自己打开左后侧车门,坐在了贾总身边。

小张虽然疑惑,但也知道自己一定是哪里犯了错,在忐忑中到达客户的公司。客户公司的总经理吴总带着秘书小王在门口等候,车一停下,小王就熟练地上前打开了后面右侧车门,并且用手挡在车门上方,自己站在车门旁,恭敬地请贾总下车。小张恍然大悟,原来这个位置才是公认的领导首席位置,如果刚才坐在这里的是自己,那就闹笑话了。

在商务场合,轿车的座次安排都有哪些讲究呢?

任务目标

1. 掌握轿车的座次安排及上下轿车时的礼仪。
2. 掌握乘坐常见交通工具时的礼仪。

相关知识

在商务活动和商务交往中,商务人员需要经常搭乘各种交通工具,如汽车、地铁、火车、轮船、飞机,以及电梯等。乘坐交通工具时应遵守相应礼仪要求,以保证每个人的交通安全,维护个人和企业的形象。

一、轿车

乘坐轿车时应注意以下几个方面。

（一）轿车的座次

按照国际惯例,轿车的座次安排一般是:右高左低,后高前低。常见的座次如图 4-1 所示。

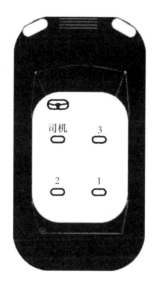

图 4-1　轿车座次图示 1

（1）专职司机驾驶双排五座轿车时,座次排序为后排右座、后排左座、后排中座、前排副驾驶座,此时副驾驶座一般为秘书、翻译等乘坐,所以此座又称随员座,如图 4-2 所示。

（2）专职司机驾驶三排七座轿车时,座次排序为后排右座、后排左座、后排中座、中排右座、中排左座、前排副驾驶座,如图 4-3 所示。

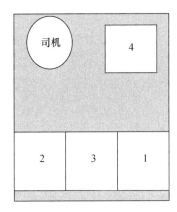

图 4-2 轿车座次图示 2

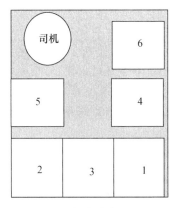

图 4-3 轿车座次图示 3

(3)主人亲自驾驶双排五座轿车时,座次排序为前排副驾驶座、后排右座、后排左座、后排中座,如图 4-4 所示。

(4)主人亲自驾驶三排七座轿车时,座次排序为前排副驾驶座、后排右座、后排左座、后排中座、中排右座、中排左座,如图 4-5 所示。

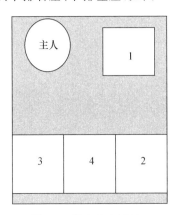

图 4-4 轿车座次图示 4

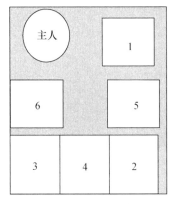

图 4-5 轿车座次图示 5

(5)主人亲自驾驶时,前排副驾驶座不能空着。若乘客只有一人,应坐在主人旁边;若乘客有多人,中途坐副驾驶座的客人下车后,在后面坐的客人应改坐副驾驶座。

(6)在正式场合,主方应引导客人坐上座,但客人上车后无论坐哪个座位都不算错,客人坐哪个座位,哪个座位就为上座,不要试图纠正或者请客人挪动位置。

(二)在车上的谈吐举止

在轿车行驶过程中,乘车人之间可以适当交谈,但不宜过多与司机交谈,以免司机分神。交谈的话题一般不要涉及车祸、劫车、凶杀、死亡等使人感到晦气的事情,也不要谈论隐私以及一些敏感且有争议的话题,可以讲一些沿途景观、风土人情或畅叙友情等使人愉快的话题。在车上应举止文明,不要在车内吸烟,不要在车内脱鞋赤脚,不要在车内吃东西、喝饮料,不要在车内吐痰或向车外吐痰,更不要通过车窗向车外扔东西,等等。

(三)上下车顺序与举止规范

(1)同女士、长者、上司或嘉宾一起乘坐双排座轿车时,商务人员应先主动打开车后排

的右侧车门,请女士、长者、上司或嘉宾在右座上就座,然后把车门关上,自己再从车尾绕到左侧打开车门,在左座坐下。到达目的地后,若无专人负责开启车门,商务人员应先从左侧门下车后绕到右侧门,把车门打开,请女士、长者、上司或嘉宾下车。乘坐三排座轿车时,循例应当由在中间一排加座上的就座者最后上车,最先下车。

(2)商务人员如果身为低位,在上下车时需主动为高位者开关车门。具体来讲,当高位者准备上车时,低位者应当先行一步,以右手或左右两只手同时并用,为高位者拉开车门。

(3)由主人亲自开车时,出于对乘客的尊重与照顾,主人应最后上车,最先下车。

(4)上下车时,动作应当轻缓一点,避免大步跨上跨下。女士下车时的姿势应有讲究:将身体尽量移近车门,从哪边下车则应先将哪边的脚踏出车外,然后将身体移出车外,最后踏出另一只脚,基本原则就是"脚先头后";如果是穿低胸礼服乘车,不妨披一条围巾,这样可以在下车时避免出现尴尬状况,也可利用钱包或手袋轻按胸前,并保持身体稍直的姿势。女士穿短裙上车时应首先背对车门,坐下之后,再慢慢地将并拢的双腿一齐收入车内,然后再转向正前方;下车时应首先转向车门,先将并拢的双脚移出车门,双脚着地后,再缓缓地移出身体。

二、公共汽车

(一)按顺序上下车

车到站时,要先下后上,自觉排队,不要拥挤。一般情况下,"男女有别,长幼有序"是公众准则。遇有行动不便者,应主动给予帮助。

(二)注意文明细节

(1)上车后应主动买票、刷卡。

(2)上车后应尽量往里走,不要堵在车门口。一般情况下,乘坐公共汽车时,如果车上仍有很多座位,应该避免坐老、弱、妇、孺专座,如果大家都就座,只剩下专座,那么暂且坐下无妨,但在下一站若有老、弱、妇、孺上车,就必须起立让出专座。

(3)不能在车上大声聊天、谈论别人的隐私;不能影响司机开车;禁止在车厢内吸烟、随地吐痰、乱扔废弃物等。

(三)提前做下车准备

车到站以前,应提前做好下车准备。如果自己不靠近车门,应先礼貌地询问前面的乘客是否下车,如前面的乘客不下车,要设法与其调换一下位置。

三、地铁

乘坐地铁时应注意以下几个方面。一是主动购买足额车票。二是乘坐手扶电梯时,应尽量站在右侧。三是候车时要注意地面的标识,在等候区排队等候。生活中常常可以看到,原本乘客队伍都自觉让出了中间的下客区间,当地铁列车进站时,突然有几个人从队伍里窜出来,一下挤到中间的下客区间,想抢先上车,导致原本从中间区域下车的客流被冲散到两侧,而排在两侧的乘客根本无法上车,这样无疑影响了乘客上车的速度,也给一些不法分子创造了可乘之机。四是在车厢内无论是站还是坐,都不应妨碍他人;不要一个人坐多个座位,也不要用包占座位。

四、火车、轮船

(一)遵守等候规则

(1)乘客在候车、候船时,要爱护等候室的公共设施,不大声喧哗,携带的物品要放在座位下方或前部,不抢占座位或多占座位,更不要躺在座位上。

(2) 要保持等候室的卫生,不要随手乱扔垃圾,不随地吐痰。

(二) 遵守秩序

(1) 检票时自觉排队,不乱拥乱挤,要有秩序地进入车厢、船舱。船上的扶梯一般比较陡,过道较窄,年轻人或男士应留意照顾女士、老人、儿童和残障人士,进入车厢、船舱后对号入座。

(2) 按要求放好行李。行李应放在行李架上,不应放在过道、小桌子上或他人座位上。

(3) 不要随意触摸火车、轮船上的各种开关和设施,不要在火车过道内、船舱内的走道和甲板上奔跑追逐;在轮船航行时,白天不要在船舷上舞动花衣服和手绢,晚上不要拿手电筒乱照,避免被其他船只误认为旗语或信号。

(4) 到达目的地后应有序下车或下船,不要抢道拥挤。

(三) 注意礼貌交谈

长途旅行时,与邻座的旅客有较长的时间相处,有兴趣时可以共同探讨一些彼此都乐于交谈的话题,但应注意:交谈前应有所观察,与不喜欢交谈的人谈话是不明智的,和正在思考问题的人谈话也是失礼的。即使与旅伴谈得很投机,也不要没完没了,看到对方有倦意就应立刻停止谈话。另外,交谈时声音不能太大。

五、飞机

(一) 乘机前

(1) 不能违规携带有碍飞行安全的物品。

(2) 要认真配合例行的安全检查。在通过安全门检查时,要配合工作人员完成检查。

(3) 务必遵守有关安全乘机的各项规定。

(二) 乘机时

(1) 对飞行前乘务员演示的救生方法以及介绍紧急出口、疏散办法的视频等要认真倾听收看,同时要特别注意,不要乱摸、乱动飞机上的安全设施。

(2) 使用洗手间时,关上门后确定灯亮,表示门已上锁,用毕请冲水。离开洗手间前擦干洗脸台,以方便下一位旅客使用。在洗手间内吸烟是绝对禁止的。

(3) 在飞机上与他人交谈时,切勿声音过高,跟身边的乘客可以打招呼或者稍做交谈,但不要谈论令人不安的劫机、撞机、坠机事件等。在座位上就座时,不要当众脱衣、脱鞋,尤其不要把腿脚乱伸乱放。不要盯视、窥视素不相识的乘客。对待乘务员和机组工作人员,要表示理解与尊重,不要蓄意滋事。

(4) 上下飞机时,要听从乘务员广播,依次而行。在飞机上放置自己携带的物品时,与其他乘客要互谅互让。飞机降落后未停妥之前,不要急于起身取行李,应等待安全灯熄灭后再起身。

六、电梯

(一) 自动扶梯式电梯

(1) 乘坐自动扶梯时,应靠右侧站立,空出左侧通道;应主动照顾同行的老人与小孩踏上扶梯,以防跌倒;如需从左侧急行通过时,应向给自己让路的人致谢。

(2) 主人和客人一起使用自动扶梯时,不论上楼还是下楼,主人应走在前面,以方便主人到达目的地后引导客人。

(3) 同事们一起使用自动扶梯时应按先来后到的顺序,有时候并肩走也是可以的。另外,不要和前面的人靠得太近。

(二) 轿厢式电梯

(1) 当电梯因超载而发出报警音时,最后进入电梯的人应自觉退出电梯,等待下一趟电梯。

(2) 进入电梯后,按下要去的楼层按钮;如果电梯行进间有其他人员进入,可主动询问其要去几楼,帮忙按下按钮。

(3) 按电梯按钮时,不要反复按,更不要用伞柄、木棍、钥匙等器物按。

(4) 上下电梯时,当遇有老人、孕妇、儿童或行动不便的乘客时,应主动让他们先行,自觉地为他们按住电梯门打开按钮,并将有扶手的一侧位置让给他们。

(5) 引导客人乘坐电梯时,接待人员应先进后出。因为先于客人进入电梯,方便控制电梯按钮;到达时接待人员按电梯门打开按钮,请客人先走出电梯。

(6) 不要在电梯内大声喧哗、嬉戏,不要在电梯轿厢内乱写乱画、乱扔废弃物,自觉维护电梯内良好的环境。

课堂实训

一、技能题

请根据以下材料,安排迎接客人的轿车座次。分小组完成任务后,请各小组代表上台讲解各自的具体安排及理由。

中国国际教育合作论坛即将在中国深圳举办,应中方组委会的邀请,德国柏林职业教育集团董事会主席 Vogelsang 将率总经理闫俊、副总经理 Stefan、中华区总经理徐晓力、中华区首席专家顾问毕节礼、中华区总经理秘书田春雨等出席此次合作论坛。根据此次论坛的会务组工作安排,由主办方总裁办秘书唐媛担任接待主管,具体负责德国柏林职业教育集团的相关接待工作。

德国柏林职业教育集团来宾一行将于8月11日16:20乘坐CZ××××次航班抵达深圳宝安国际机场。公司接机安排:公司副总裁陈树驾驶私家小轿车亲自到机场迎接,唐媛带一辆公司小轿车一同前往。

二、案例题

1. 小邓是一家企业业务部王经理的秘书。一次,王经理在与一位重要客人谈判之后,由于接下来还有一个会议,王经理不能亲自开车将这位客人送走,于是就让司机把客人送往车站。客人拉开副驾驶座位旁边的车门,就坐在副驾驶的位置上,小邓一看,忙说:"您应该坐后面,上座在后排。"王经理赶紧说:"没关系,您坐这儿也行。"客人刚把脚伸出车外,又赶紧收回,很是尴尬。

本案例中小邓和王经理的做法存在哪些问题?

2. 总公司的两个高层领导、分公司一个领导和一个女秘书一行四人乘坐轿厢式电梯。这个分公司的领导穿着一套藏青色日式小腰身西装,风衣搭在小臂上,他说着流利的英语,与总公司的高层领导低语着。他们的楼层到了,电梯门打开,他立刻很有风度地伸出手去,用自己的胳膊挡住门,好让总公司的高层领导先出去,可是他竟然把他的女同事落在了后面,使她险些撞到电梯门上,幸好她反应敏捷,飞快地闪了出去。

本案例中这个分公司领导的做法有哪些不对的地方?

商务礼仪

任务四 通信礼仪

案例导入

刚参加工作的张珊与客户公司的Z先生进行了业务洽谈,Z先生答应三天后给她回复。三天的时间很快到了,在苦等了一个上午无果后,急于做出业绩的张珊忍不住中午往该公司打电话询问。然而,电话一直没人接。下午两点,电话终于接通,接电话的人询问张珊是否就是中午打了好几次电话的人,张珊如实承认后刚想解释,对方就说:"难道你不知道中午是大家的休息时间吗?"张珊的第一笔业务就这样失败了。

拨打电话有何注意事项?

任务目标

1. 掌握拨打、接听电话的礼仪。
2. 掌握使用手机、传真机和收发电子邮件的注意事项。

相关知识

在日常工作和生活中,电话、传真、电子邮件已成为联络感情、洽谈业务等的主要电子通信工具。通过电子通信工具,商务人员可以传递和获知信息,还能有效节约成本,提高工作效率,但是商务人员应注意遵守相关的礼仪,以塑造和维护良好的职场形象。

一、拨打电话礼仪

(一) 选择通话时间

在商务活动中,打电话一般要在办公时间进行,不要在下班之后打电话,更不能在深夜、凌晨及午休、用餐、公休假日时间打电话,除非有特别紧急的事情。如果是拨打国际长途电话,要注意时差,不要打扰对方休息。通话的时间不宜过长,以不超过5分钟为宜。如果必须长时间通话,应征询对方是否方便,否则就要另约时间联系或面谈。

(二) 语言表述得体

打电话时语言表述要清楚,语气要谦和、亲切、自然,语速要适中。通话之初,应先做自我介绍,不要让对方"猜一猜"。请受话人找人或代转时,应说"劳驾"或"麻烦您"。

传递的信息应简洁明了。商务活动中,电话内容要简洁而准确,通话时间应尽量短些,不可不着边际地漫谈。

语速语调要适中。由于主叫和受话双方语言或通话环境可能存在差异,通话时要把握语速语调,以保证通话效果;语调应尽可能温和,音量适中,咬字要清楚,吐字比平时略慢一点。为了让对方听明白,必要时可以把重要的话重复一遍。

多用礼貌用语。通话双方都应该使用常规礼貌用语,忌出言粗鲁或通话过程中夹带不文明的口头禅。

(三)注意行为举止

使用电话时应轻拿轻放,遇到占线或无人接听时要心平气和,不要随意摔打电话。电话接通后,一般要等铃声响过六遍后,确信对方无人接听,方可挂断话机。通话时不要拿着电话四处走动;不可仰坐、斜靠、歪躺或趴在桌上通话,更不能一边打电话一边吃东西、抽烟、喝水、翻报纸,甚至与旁边的人闲聊。

通话时保持良好的情绪。通话中遇到对方无理或不友好时,不要急躁或气愤,要保持耐心,不要轻易打断对方的表述或停止通话。切忌无礼挂断电话。通话完毕后一般由上级、长辈先挂断,双方级别相当时,一般由主叫方先挂断。

(四)提前拟好谈话内容

通常,在拨打电话前应对通话内容做到心中有数,如果要谈的内容较多或有具体的数字等信息,可事先拟好文字稿,尤其是内容涉及时间、数量、价格等信息时,事先写下来是非常必要的。

(五)选择通话环境

打电话时要注意周围环境。在办公室打电话时,要避免有谈笑声、嬉戏声。

二、接听电话礼仪

(一)及时接听电话

一般来说,在办公室里,电话铃响三遍之前就应接听,响六遍后就应道歉:"对不起,让您久等了。"如果受话人正在做一件要紧的事情不能及时接听,代接电话的人可稍做解释。既不及时接电话,又不道歉,甚至极不耐烦,这是很不礼貌的。

(二)确认对方身份

对方打来电话,一般会主动介绍自己。如果没有介绍或者没有听清楚,受话方应主动询问:"请问您是哪位?""我能为您做什么?""您找哪位?"有的人拿起电话听筒就问:"喂!哪位?"这在对方听来,陌生而疏远。但如果说"你好!我是×××",就会显得好很多。如果对方找的人在旁边,应说"请稍等",然后用手掩住话筒,轻声招呼对方要找的人来接电话。如果对方找的人不在,则应该告诉对方,并且问:"需要留言吗?我一定转告。"

(三)文明礼貌应答

拿起电话听筒的时候,一定要面带笑容。不要以为笑容只是表现在脸上,它也会表现在声音里。亲切、温情的声音会使对方马上产生良好的印象。如果绷着脸,声音会变得冷冰冰。不管是在公司还是在家里,从一个人接、打电话的方式,基本可以判断出这个人的修养如何。接电话时要礼貌地自报家门:"您好!我是×××。"或"您好!这里是×××(单位)。"或者询问对方:"您好!请问找哪位?"一般不宜用"你是谁""你找谁""有什么事"之类的话发问。交谈结束时,应说"再见"。

(四)认真倾听,积极应答

接听电话时要尊重对方的话语权,认真倾听对方的表述,适时表示"好""请讲""不客气""我听着呢""我清楚了"等,或用语气词"唔""嗯"等,让对方感到你在认真听。漫不经心,答非所问,或者一边听电话一边同身边的人谈话,都是对对方的不尊重。

(五)做好电话记录

平时要做好通话记录的准备,要准备好电话记录簿或记录用纸、笔,避免出现通话过程中需要记录时再放下听筒找纸笔的现象。电话中对要传达的信息应重复要点,对号码、数字、日期、时间等应再次确认。遇到听不清楚时,可以请求对方重复一遍,特别是对一些重要内容,最好加以核实,避免记错。

(六) 代接电话

替他人接电话时,要询问清楚对方姓名、电话、单位名称等,以便在传达信息时为受话人提供便利。在不了解对方的动机、目的时,不要随便说出指定受话人的行踪和其他个人信息,比如手机号码等。如果对方的电话打错了,应当及时告之,语气要和善,不要表现出反感甚至恼怒的情绪。恰当处理打错的电话有助于提升个人及组织的形象。

三、使用手机的礼仪

(1) 不要在医院特殊区域使用手机,以免影响医院电子设备的使用;不要在加油站或驾驶汽车途中使用手机,以免发生危险。

(2) 不要在公共场合如电梯内、车厢内、餐厅中旁若无人地使用手机并大声喧哗,以免影响他人。

(3) 进入音乐厅、美术馆、影剧院、图书馆、会议厅等要求保持安静的公共场所,应该主动将手机关闭或将其调成静音状态。

(4) 利用手机给不熟悉的人发短信时一定要署名,收到短信要及时回复,及时删除手机中不希望别人看到的短信。

四、使用传真机的礼仪

(1) 接收或发送传真时,如果需先人工呼叫,在接通电话时首先应说"您好",然后报出自己的公司名称以及详细的部门名称等。通话时,语气要热诚,口齿要清晰,语速要平缓。

(2) 正式的传真必须有封面,封面上注明传送者与接受者双方的公司名称、人员姓名、日期、总页数等。

(3) 发送传真时,必要的问候语与致谢语不可缺少。发送文件、书信、资料时,更要谨记这一条。

(4) 传真的原始文件最好使用白色或浅色的纸,以使传真件更清晰。

(5) 发送完传真后,不要忘记将原件拿走,以防丢失或泄漏信息,给自己带来不便。

(6) 发送传真前,可以向对方通报一下,以免发错;在收到他人的传真后,应当在第一时间用适当的方式告知对方。需要转交他人发来的传真时,不可拖延时间,以免耽误对方的要事。

五、收发电子邮件的礼仪

(一) 书写规范

(1) 电子邮件的内容与格式应与一般的书信一样,称呼、敬语不可少。

(2) 电子邮件的语言要简洁明了,写完后要检查一下有无错误,还要核定所用字体和字号大小,太小的字号不利于收件人阅读,也显得发件人不够细心。

(3) 写电子邮件时应在主题栏写明主题,以便收件人一看就知道邮件的主旨。

(二) 注意事项

(1) 最好不要将正文栏空着而只发送附件,除非是因为各种原因出错后重发的邮件,否则会显得不礼貌,还容易被收件人当作垃圾邮件处理掉。

（2）重要的电子邮件可以发送两次,以确保能发送成功。

（3）收到邮件后应尽快回复,如果暂时没有时间,就先简短回复,告诉对方自己已经收到其邮件,有时间会详细回复。

（4）电子邮件需要附上附件时,要对附件进行准确命名,而不要简单地以"新建文档"作为文件名。

课堂实训

一、技能题

1. 以小组为单位,演练办公室秘书通过电话通知各部门经理参加中层会议的情境。

2. 刘丽是 M 化妆品公司的客服秘书,这天她接到了一位客户的投诉电话,客户生气地大声抱怨,她近期购买的 M 化妆品在使用后出现了皮肤过敏、破皮起疹的现象。请根据以上材料,演练客服秘书接听电话的情境。小组演练结束后,选取部分小组上台展示,同步拍摄课堂小视频,教师和其他同学对各小组的展示进行点评。

二、案例题

1. 小王正在拟写一份紧急声明,此时电话铃响起,小王皱了一下眉头,显得很不耐烦,铃声响了好多遍,他才拿起电话。

小王:"喂,找谁?"

客人:"你们公司经理在吗?"

小王:"不在。"

客人:"那她什么时候在办公室?"

小王:"不清楚,你等会儿再打过来吧。"

说完小王就把电话挂了。

请就本案例谈谈小王接电话的过程中有哪些做法不恰当。

2. 一场音乐会正在音乐厅进行,音乐演奏到高潮处,突然手机铃声响起,在大厅中显得格外刺耳。演奏者、观众的情绪都被打断。大家纷纷回头用眼神责备手机的主人。

请就本案例分析不和谐的手机声为什么会引起人们的反感。

3. "喂,王姐,你的电话,是个男的。"小赵接了一个电话,大声地招呼王姐过去接电话。整个办公室的人都听到了有个男的找王姐,大家都抬起头来看着她。王姐非常不高兴地过去接电话。

谈谈本案例中王姐为什么不高兴。

4. 消费者李先生新买的某品牌电脑出现了故障,他忘了该电脑的维修电话,于是从查号台查到该电脑公司电话后打了过去。一位女士接听了电话后,犹豫几秒钟后说道:"我帮你找人来处理,你稍等。"谁知这一等就是好几分钟,李先生能听到对方办公室嘈杂的声音,但就是没人再接听电话,那位女士好像也不知去向。李先生非常生气,从此对这个品牌的印象大打折扣。

如果你是该案例中接电话的女士,你应该怎么做?该案例反映出电脑公司的什么问题?

任务五 馈赠礼仪

案例导入

王经理要去火车站送别客户,突然想到应当给客户准备点儿本地特产,于是他急忙去特产店买了两大瓶本地的名酒,并匆匆赶到了火车站。在客户即将进站之时,王经理把买来的酒递给了客户,客户在感谢王经理的同时,表示他随身带的东西已经很多了,且都打好包了,这两大瓶酒实在装不下了。可是王经理硬是要塞给客户,弄得客户只好重新打包,随着检票时间的临近,客户急得满头大汗。

任务目标

1. 掌握赠礼的注意事项。
2. 了解赠送鲜花的礼仪。

相关知识

馈赠是一种非语言交际方式,它以物的形式出现,以物表情,起到寄情言意的作用。得体的馈赠似无声的使者,给交际活动锦上添花,给人们之间的感情和友谊注入新的活力。赠礼的目的决定了礼物的档次和赠送时间。送给谁?为什么送?如何送?送什么?何时送?在什么场合送?只有明确这些问题,才能使馈赠真正发挥其在交际中的重要作用。

一、馈赠的目的

(一)以交际为目的的馈赠

以交际为目的的馈赠有两个特点:一是送礼目的与交际目的的直接一致。个人或组织在社交活动中为达到一定目的,向交往的关键人物和部门赠送一定的礼品,以促使交际目的的达成。二是礼品的内容与送礼者的形象一致,即选择的礼品能反映送礼者的思想倾向。

(二)以巩固和维系人际关系为目的的馈赠

这类馈赠即为人们常说的"人情礼"。在人际交往过程中,无论是个人间抑或是组织之间,必然产生各类关系和各种感情。人与生俱来的社会性要求人们必须重视这些关系和感情,因而围绕着如何巩固和维系人际关系和感情,人们采取了许多办法,其中之一就是馈赠。这类馈赠,强调礼尚往来,所以礼品的种类、礼品价值的大小、礼品档次的高低、礼品蕴含的情义等具有多样性和复杂性。

(三)以酬谢为目的的馈赠

这类馈赠是为了答谢他人的帮助。因此,在礼品的选择上十分强调其物质价值。礼品的贵贱厚薄,首先取决于他人帮助的性质,帮助的性质分为物质的和精神的两类,一般来说,物质的帮助往往是有形的、能估量的,而精神的帮助则是无形的、难以估量的,然而其作用又是相当大的;其次取决于帮助的目的,是慷慨无私的,还是另有所图的,或公私兼顾的;再次取决于帮助的时机,一般情况下,危难之中见真情,因此得到帮助的时机是如何酬谢他人的很重要的衡量标准。

(四) 以公关为目的的馈赠

这类馈赠,表面上看来不求回报,而实质上赠礼者要求的回报往往更深地隐藏在其后的交往中。这类馈赠多出现在对经济、政治等利益的追求中。

二、赠礼的注意事项

要让交往对象愉快地接受礼品并不是一件容易的事情。那么,赠礼时应注意哪些方面呢?

(一) 赠礼的时机和场合

常见的赠礼时机有节假良辰、喜庆婚嫁、探望病人、亲友远行、拜访做客,等等。有时也可以选择一些特殊时机进行馈赠,以赋予馈赠特殊的意义。

赠礼场合的选择也是十分重要的。尤其是那些出于酬谢、交际等目的的馈赠,更应注意赠礼场合的选择。通常情况下,当众只给一群人中的某一个人赠礼是不合适的,因为那会使没有收到礼品的人有受冷落和受轻视之感。赠礼是为了巩固和维持双方的关系,因此赠礼时应当着受礼人的面,以便于观察受礼人对礼品的反应,并适时解答和说明礼品的功能、特性等。

(二) 礼品的选择

1. 好的礼品的特点

一份好的礼品一般有以下几个特点:一是合适,例如送学生文具,送老师书籍,等等。如果送他人不合适的礼品,很有可能不但不能增进双方情感,反而会让对方感觉难堪。二是有纪念性,动不动就以大额的现金、高档商品送人,会使对方感觉受之不当、却之不恭,处于两难的境地。三是要有"个性",即选择的礼品应别出心裁、独具匠心。

2. 选择礼品的禁忌

选择礼品时,应当有意识地避开对方不喜欢的物品,避开对方的禁忌。

一是违法物品不能作为礼品赠送。如果是泄露国家秘密或本单位商业机密、涉黄、涉毒、涉枪等物品,送人则害人害己。值得一提的是,送给国外朋友的礼品要考虑不得违反对方所在国家的法律。

二是犯规物品不能作为礼品赠送。有些物品送给他人,会让对方有受贿之疑,也会给对方增加心理负担。

三是违反风俗的物品不能作为礼品赠送。向交往不深者、国外人士赠送礼品时应考虑对方的风俗。

四是犯忌的物品不能作为礼品赠送。如送高血压患者脂肪、胆固醇含量高的食品等。此外,我国普遍有"好事成双"的说法,因而凡是可喜可贺之事,所送之礼,均好双忌单,但广东人则忌讳"4"这个偶数,认为这个数字不吉利;在西方国家,人们认为"13"是不吉利的数字。

五是有害的物品不能作为礼品赠送。如香烟、烈酒、赌具,这些也许会投人所好,但都不是好的礼品选择。

六是废弃的物品不能作为礼品赠送。一般不要把旧物、废品、淘汰品作为礼品送人。

七是广告类物品不能作为礼品赠送。

(三) 精心包装

包装礼品前要附上写有自己祝词并签名的卡片,以示诚意。在国际场合尤其要注意这一点。精美的包装不仅使礼品的外观更具艺术性和高雅的情调,显现出赠礼人的文化和艺术品位,而且还可以使礼品保持一种神秘感,引起受礼人的兴趣和探究心理,从而产生愉悦的感受。好的礼品若没有讲究的包装,不仅会使礼品逊色,而且还易使受礼人轻视礼品的内在价值,折损了由礼品所寄托的情谊。

此外,包装礼品前最好将价格标签清除掉。

(四) 赠礼时的举止

1. 举止大方

赠礼时,应双手递上礼品,一般应递到对方的手中,不要放下后由对方自取。向多人赠礼时,应按照先长辈后晚辈、先女士后男士、先上司后下级的顺序。不要把送给他人的礼品胡乱塞在对方的居所之内,或不做说明,悄悄地放下。总之,赠送他人礼品时应神态自然、举止大方。

2. 认真说明

赠送他人礼品时,可以说明因何而送,如"祝您生日快乐";可以表明自己的态度,如"这是我精心挑选的,相信您一定会喜欢",而不应说"没什么好东西,凑合用吧""临时买的"之类的话;还可以讲一讲礼品的美好寓意。此外,对于一些实用的礼品,可以讲一讲其具体用途。

三、赠送鲜花的礼仪

鲜花作为礼品在联系情感、增进友谊等方面具有独特的作用,人们越来越多地用鲜花作为礼品来馈赠他人。乔迁时送鲜花,表示隆重、庆贺;生日时送鲜花,表示祝福、喜庆;探病时送鲜花,表示慰问、祝福。但是,什么时候送什么花,什么场合选什么花,什么人送什么花,都需要根据具体情况精心挑选,否则会因考虑不周而引起误解。

(一) 赠送鲜花的时机

赠送鲜花一般在以下几种时机:道喜、道贺,如结婚之喜、生子之喜、乔迁之喜、开业之喜等;慰问,如生病住院等;奖励、鼓励,如在运动会上取得名次等;表达爱情;传递友谊。

(二) 鲜花的形式

(1) 花束。将鲜花用包装纸包成一束,这种形式在生活中最常见。

(2) 盆花。适用于乔迁之喜或送给喜爱养花的人。

(3) 花篮。把鲜花做成花篮送给他人,适用于开业庆典等。

(4) 花环。一些少数民族和一些国家,通常把自己喜欢的鲜花做成花环,挂在宾客的脖子上或套在手腕上,表示祝福、吉祥。

(5) 花圈。适用于对逝者表达追思之情。

(三) 通用花语

只有了解了花的寓意,才能恰到好处地结合寓意和赠送场合选择鲜花作为礼品。同时,在不同地区,花的种类、色彩、数量在寓意上也存在一定差异,花语的运用不能一概而论,所以在选择送花的时候一定要注意鲜花在当地的实际寓意,不能弄巧成拙。例如,祝贺新婚宜用玫瑰、百合、郁金香,表达爱情美满、百年好合的寓意;喜庆佳节宜送牡丹花、水仙、桃花,表示富贵、吉祥之意;在广东、海南、港澳地区,金橘、桃花表示"吉""红火"的意思,而梅花、茉莉和牡丹花却表示"霉运""没利""失业"的意思。

课堂实训

一、技能题

1. 全国商务礼仪教师培训将于近期举办,作为此次培训工作的主办方广州××文化公司,将会在培训工作结束时,向参加培训的所有学员赠送一份礼品。如果你是广州××文化公司此次馈赠礼品方案的负责人,你会准备什么样的礼品?以小组为单位进行讨论,形成最后的方案,并说说礼品选定的具体理由。

2. 朋友喜得贵子,你会挑选什么礼品前去庆贺?

3. 通过网上学习资源,或个人亲身体验,和同学分享现实生活中礼品选择及馈赠成功或失败的案例。

二、案例题

小艳和小军在同一家公司工作,两人是好朋友。小艳邀请小军参加自己的婚礼,为了表达心意,小军考虑要送给小艳一份特别的礼物。思来想去,小军觉得送鲜花既时尚又浪漫,最合适,而且要送红玫瑰,以表示对新婚夫妇甜蜜爱情的祝福。这天,小军捧了一大束红玫瑰参加婚礼,可当他将花束送给小艳时,小艳面部表情发生了急剧的变化,迟疑地不肯去接受鲜花,小艳的新婚丈夫的脸色也很难看,这令小军十分难堪。这件事引起了小艳丈夫的误解,破坏了他们新婚甜蜜的气氛,小艳做了多番解释,才消除了丈夫的误会。

通过以上案例你得到了什么样的启发?

项目五
商务宴请礼仪

宴请是指盛情邀请宾客宴饮的聚会,是进行友好交往、团聚、联络感情、畅叙友情的一种社交活动。对于商务人员来说,宴会是绝佳的商务沟通和会谈的场合,是非常有效的沟通感情、传递信息、开展商务活动的场合。古人云:"设宴待嘉宾,无礼不成席。"要想让商务宴请达到理想的效果,礼仪是不可忽视的。

任务一　宴请筹备礼仪

案例导入

有一段德国人在广州就餐的视频曾在网上广为流传。原来,当天德国客人在参观广州荔枝湾时,到了就餐时间,主办单位为了更好地让外国友人感受中餐的独特魅力,带德国客人来到某中餐馆,并精心安排了九道极具特色的中式菜肴。待所有菜肴上齐后,德国客人一人选了一道菜,各自取走选择的菜肴。于是,就出现了视频中让人忍俊不禁的情景,有的拿着铁锅在吃干锅类菜肴,有的在独自享用一份清蒸鱼,有的拿着砂煲吃某煲类菜肴……待德国客人取走菜肴后,作为主人很无奈,只好一个人把本该给全桌人吃的窝窝头端到了自己面前。

中式宴请与西式宴请有哪些共同点?又有哪些不同点?

任务目标

1. 了解商务宴请的不同类型。
2. 掌握正式宴会前主客双方的筹备工作。
3. 掌握商务宴请的程序及进餐礼仪。

相关知识

一、商务宴请的类型

商务宴请涉及主客两个方面,商务宴请的主方和客方可以是企事业单位、各类社会团体,也可以是个人。作为一种高层次的商务活动,商务宴请的礼仪规范较多,不论是主方,还是客方,都应遵守各自的礼仪规范。

商务宴请一般可以分为正式宴会、便宴、招待会、茶会和工作餐。具体采用哪一种宴请形式,应根据宴请目的、宴请对象、双方身份和关系以及时间等因素综合进行考虑。

宴会的种类较为繁多,按照不同的分类标准我们可以将宴会做如下区分。从规格上宴会可以分为正式宴会、便宴。从礼仪角度宴会可以分为欢迎宴会、答谢宴会、庆贺宴会等。从时间上宴会可以分为早宴、午宴和晚宴。商务人员应当了解宴会的不同类型,以便在筹办或参加各类宴会时做到举止得体、落落大方。

(一) 正式宴会

正式宴会需要按一定的规格和程序进行。正式宴会对环境的布置、餐具摆设、酒水种类、菜肴道数等比较讲究,对出席者及服务人员的仪容、仪态等也有较严格的要求。

(二) 便宴

便宴是一种非正式的宴会,一般用于招待亲朋好友。这种宴请规模小,没有严格的礼仪要求,不事先排定座次,也不作正式的致辞或祝酒,菜肴及酒水可根据具体情况灵活安排。便宴多营造一种轻松、亲切、悠闲的用餐氛围,所以可以在一般的餐馆或酒店进行,也可以在主人的家中进行。在家里举行的便宴也叫家宴,由主人亲自下厨,家人共同招待客人。

（三）招待会

1. 酒会

酒会是一种以酒类和饮料为主招待客人的宴请形式。在酒会上,酒的品种较多、饮料较丰富,此外会略备一些小吃,这样就能够满足与会不同人士的需求。酒会的规格可高可低,高规格的以请柬邀请客人,低规格的小型酒会也可以用电话邀请。酒会的形式活泼,气氛轻松,时间要求上也较正式的宴会宽松,允许适当的迟到。酒会一般不设座位,客人可以手持酒杯四处走动,自由交流,相互敬酒,结交朋友。

2. 自助餐

自助餐也叫冷餐会,是国际上通行的一种非正式的西式宴会,在大型的商务活动中尤为多见。因为自助餐具有气氛祥和、便于交流、规格可高可低等特点,目前已成为商务活动中一种很盛行的款待客人的方式。自助餐的菜肴比较丰富,摆放在餐桌上,由客人自取。酒水可由服务员托送,也可由客人自取。自助餐有的不设座位,只是站立而食,人们自由交谈;有的自助餐设座位,供就餐者自由就座。自助餐虽然是客人自己取食、自由入座,但也要注意：要排队按序取食,不可争先恐后;取用食物要"量力"而行,不要造成不必要的浪费,如果确实喜欢某种食物,要遵守少取多跑的原则,即可以多跑几次,但不要一次取几大盘食物。

（四）茶会

茶会重"谈"不重"吃",是一种以茶会友的简便的招待形式。茶会以茶为主,同时还备有适量的水果、糕点、地方风味小吃。茶会对茶叶的品种、沏茶的用水以及茶具比较讲究。茶会可以在茶馆进行,也可以在家里进行。既然是茶会,一般应以上等的茶叶招待客人,不可以低档茶叶来敷衍了事。茶会上应遵守相应的礼仪,例如为客人泡茶时应以茶勺取茶,而不应用手直接抓取。

（五）工作餐

工作餐是常见的一种非正式宴请方式,重在以餐会友,是借用餐的形式继续进行商务活动,参加者利用共同用餐的时间,边用餐边谈工作。工作餐具有简便快速、经济实惠的特点,一般不发正式请柬,规模通常也较小,时间、地点也更多是临时决定的。工作餐按用餐时间可以分为早、中、晚餐,其中午餐更为多见。

二、主方的筹备工作

在宴请活动中,为了营造和谐欢快、其乐融融的氛围,同时也为了使宾主双方在这种氛围中建立相互信任、巩固关系、增进友谊,宴请的筹备工作就显得特别重要。主方通过精心的筹备工作,既能体现出对客人的尊重,也能营造主方团队的整体形象。

（一）明确宴请的目的

宴请的目的是多种多样的,如为了庆祝双方合作的成功、为了庆贺公司某个特别的纪念日、为某项工程的开工或竣工、迎送某位重要的客人,等等。只有明确了宴请的目的,才能确定相应的筹备工作。

（二）确定宴请的名义和对象范围

在确定了宴请的目的之后,主方接着就应当考虑以何人的名义来邀请客人。可以个人的名义,也可以单位的名义邀请客人。大型的宴请多以单位的名义发出邀请,有时也以个人名义发出邀请,具体可根据主客双方的关系来确定,确定时一般应遵循双方关系对等的原则。

宴请的对象范围指的是邀请客方哪些人士,请多少人,请到哪一个级别。另外,还要确定主方由谁来作为主陪,多少人作为辅陪;如果是多方客人的话,还应当考虑到多方客人之间的关系。在确定了宴请的目的、对象范围以后,再确定具体的宴请形式。

(三) 确定宴请的形式

在确定采用何种类型的宴请时,应当考虑宾主双方的关系、宴请规模的大小、时间的长短、当地习惯等因素。一般而言,正式的、规格高的、人数少的情况下以正式宴会为宜;人数多、规模大的情况下可安排自助餐;在工作的间隙安排进餐则宜采用工作餐的形式。

(四) 确定宴请的时间与地点

宴请的时间有时候根据主方的需要确定,如企业开业庆典、主人的生日聚会等;有时候根据客方的具体情况确定,如为客方接风、送行等;有时候根据重要的主方或客方的具体情况确定。确定宴请时间时要注意:避开客方的禁忌日,不要选择重大的节假日以及有重大的政治事件发生之时;对信奉基督教的人士,应当避开13日,尤其是13日同时又是星期五的日子。通常,正式的宴请一般安排在晚上进行,有时候主方可事先征求客方的意见,再确定宴请的时间。宴请持续的时间要根据具体宴请的类型来决定。一般来说,正式宴会的持续时间为2个小时左右,便宴的持续时间为1个小时左右,工作餐的持续时间则更短。对宴请的持续时间一定要进行必要的把控,不能太短,否则客人可能还没有吃饱,也不能太久,否则会浪费双方的时间。

选择宴请地点时要考虑宴请的性质、人数、环境、卫生、交通、费用等因素。交通方便、环境幽雅、服务到位、干净卫生的宴请地点能表达主方对客方的重视和尊重。熟人之间的宴请可以选择在家里或双方熟悉的地点,大型活动的宴请则宜选在高档的宾馆、饭店进行。宴请不仅仅是为了"吃东西",有时候还要"吃文化",如果宴请地点档次过低,即便菜肴有特色,服务很到位,也难以满足现代人的饮食需求。

(五) 布置宴会场所

1. 环境

选定宴请地点之后,主方应当根据宴请的目的和性质布置宴会厅。主方可以根据活动的需要,在宴会厅的正面上方悬挂横幅,在宴会厅的两侧可摆放一些绿植、花卉,在宴会厅的正门口还可布置喜庆的气球以及欢迎牌,还可根据需要布置宴会致辞所需的麦克风、投影等。此外,还可为宴会准备适合的音乐,烘托、调节宴会的气氛,增进客人的就餐兴致。具体的布置工作可请宾馆、饭店代为布置,也可由主方派专人前往宾馆、饭店进行布置。

2. 桌次

桌次即桌位的高低次序。宴会桌次的安排有严格的礼仪规范。中餐一般使用圆桌,偶尔也使用方桌;西餐则多用长桌。在排定桌次时,应当首先定下主桌的位置。主桌面门定位,一般以离门远者、干扰少者为佳,有时也会考虑以中心的桌子为主桌;平行桌则以右为尊。在确定了主桌以后,其他桌次按照"近高远低"的原则,离主桌近的桌次较高,反之则桌次较低,如图5-1至图5-6所示。

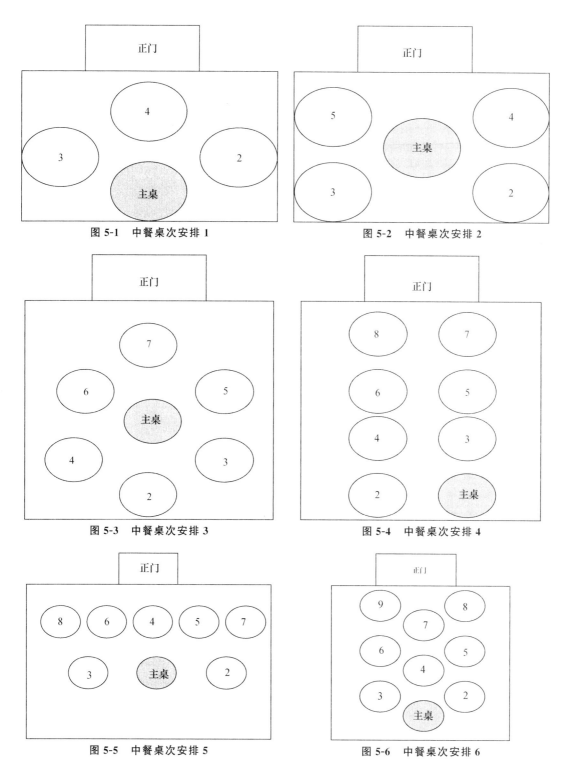

图 5-1　中餐桌次安排 1

图 5-2　中餐桌次安排 2

图 5-3　中餐桌次安排 3

图 5-4　中餐桌次安排 4

图 5-5　中餐桌次安排 5

图 5-6　中餐桌次安排 6

中餐宴会上,主桌的桌子可以稍有不同,比如较其他各桌的桌子略大,或铺设规格较其他各桌略高;但主桌以外的其他各桌的大小、铺设规格等应当一致,不要使用参差不齐的桌子。宴请桌次较多的时候,应当在来宾请柬上注明具体桌次和座次,在宴会厅门口悬挂示意图,在桌子上放置桌次牌,以便于来宾准确就座,大型宴会一般应有工作人员引导来宾入座。

西餐一般用一张长桌或几条长桌拼接成一条更长的长桌,所以桌次问题就没有那么复杂。

3. 布置座次

座次是座位的高低次序。餐厅内的座位以靠窗户、视野好或安静舒适的角落为佳;而靠近过道、离洗手间较近的位子,容易被人打扰,因而不是理想座位。安排主位时应当遵循"面门为尊、观景为佳"的原则。具体来说,面对门的位置为上座,背对门的位置为下座;面对主桌的位置为上座,背对主桌的位置为下座;面对舞台的位置为上座,背对舞台的位置为下座。在确定了主位以后,以主位为中心遵循"近高远低,以右为尊"的原则,具体来说,离主位近者座次较高,离主位远者座次较低;离上位同样距离的位置则以右为尊。

中餐宴会上,一般来说男主人坐在上座,主宾坐在男主人的右手边;如遇主宾身份高于主人,为表示尊重,可请主宾坐在主人的位置上,而主人坐在主宾的位置上;如有女主人,则女主人坐男主人相对的位置上,主宾夫人则安排在女主人的右手位置。主方陪同人员与客方陪同人员交叉而坐,避免主方人员坐在一起而冷落了客人。

图5-7至图5-9是中餐的几种座次排列示意图。便宴、家宴的座次安排不及正式宴会要求严格,座位安排稍稍灵活,但基本上还是遵循"面门为上,以右为尊"的原则。

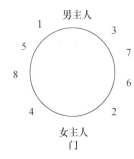
图 5-7 中餐座次安排 1

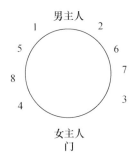
图 5-8 中餐座次安排 2

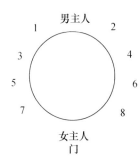
图 5-9 中餐座次安排 3

西餐宴会上,一般来说女主人坐在上座,男主宾坐在女主人的右手边,女主宾则坐在男主人的右手边,男女交叉排列。

(六) 发出邀请

一般情况下,主方向客方发出的邀请有正式与非正式之分。正式的邀请大多采用书面形式;非正式的邀请则通常采用口头形式,显得比较随便和灵活。正式宴会向客方发出的邀请较为正式,多用请柬。主方可以寄送请柬,也可以派专人上门提前递送请柬。寄送请柬时一定要注意寄送时间,通常以提前两周为宜,时间太早,客方可能看过后会忘记;时间太晚,客方毫无准备的时间。请柬以印刷精美为佳,请柬上要注明宴会的时间、地点、主方名称、赴宴的要求(着装要求、桌次座次等)、是否需要回复、电话号码等内容。主方应当根据请柬的回复情况,估计客方的出席率并调整席位。一般的便宴或者家宴,主方可电话邀请客方或当面口头邀请客方。

(七) 确定菜单

宴请的菜肴及酒水,需根据宴请活动的性质和形式来确定,同时要注意将费用控制在主方的经费预算范围内。选择菜肴及酒水要考虑客人的喜好、饮食习惯、地方特色等因素。主方应尽可能照顾客方,尤其是一些有特殊要求的客人。菜单确定以后,应报相关的主管批准。举办大型宴会时,主方最好准备三种以上酒水,且应在宴会桌上放置一份或多份菜单,方便客人依据个人喜好取食。但是要注意,不可将菜肴的价格也印在菜单上。定制菜单应当在多种口味上动脑筋,而不可认为越贵越好。在便宴或者家宴上,往往是现场点菜,这时主方应"主随客便",请客方点菜;客方则也要"客随主便",照顾到主方和其他宾客的需求。

(八) 致辞

正式的宴请通常安排致辞环节,主方应提前撰写好致辞,内容以简短为宜,突出宴请的主题。致辞写好后,要交给客方,为客方撰写答谢致辞提供方便。

三、客方的筹备工作

(一) 接受邀请

客方在接到主方的邀请之后,应尽快给主方明确的是否出席的答复,这是对主方的尊重,也便于主方做好相应的准备工作。接受邀请之后就不要随意改动,万一遇到特殊情况不能出席时,尤其是主宾,应尽早向主方说明并致以歉意。客方接受邀请参加宴会之前,要确认宴请的时间、地点、有无服饰要求、是否携配偶出席、是否需要准备礼物等,提前做好相应的准备,防止匆匆忙忙中出现差错。当然,即使是拒绝主方的邀请,也不要忘了对其表示感谢。

(二) 注重仪容与仪表

出席正式的宴会要注重个人的仪容与仪表,做到整洁大方、精神饱满。精神萎靡、蓬头垢面、衣冠不整会被认为是对主方的不尊重和对宴会的不重视。出席正式的宴会时,男士一般应着西装,注意保持个人的清洁,应事先刮好胡须、梳理好头发;女士可着得体的裙装,有时候可着旗袍,适当化妆,以表示对主方的尊重和重视,但千万不要在宴会桌前化妆,更不可当着其他客人的面化妆。

便宴和家宴对仪容和仪表的要求略低,但客人也不可穿着拖鞋、沙滩裤等出席。为保持个人清新的口气,出席宴请活动前最好不要吃大蒜、大葱、芫荽、榴梿等气味较重的食物。

(三) 准时出席

客方应当准时出席宴会,过早或过晚抵达都会给主方带来不必要的麻烦。太早到达,有可能主方还没有准备好,这时还得挤出时间来接待提前到达的客人;太晚到达,尤其是当主宾太晚到达时,会使大家面对一大桌的美食迟迟不能动筷子,从而影响整个宴会的计划和安排。一般而言,按中国人的习惯,一般的客人可提前几分钟到达,主宾则比一般的客人迟到一步;而西方人的习惯则是宁可晚到几分钟,也不要提前到达,而主宾大多比一般的客人早到。如果是酒会,客人的出席时间可以灵活些,但迟到的时间应以不超过半小时为限。

(四) 备好礼物

礼物的选择应当根据宴会的性质而定。在西方,参加宴会时一般为女主人准备一束鲜花即可。在中国,参加结婚宴、生日宴、乔迁宴时大多以赠送"红包"为主,在"红包"上写明个人的名字;若为单位之间的宴请,则可准备花篮、牌匾等。不论礼物价值的高低,客人均应将事先准备好的礼物双手递给主人。有些宴请活动会请客人在入口处签名,客人签名时应当认真写下自己的名字,名字不要写得太大或太小,也不要过于潦草,让人无法辨认。

四、商务宴请的程序

这里的商务宴请主要指正式宴会。

(一) 抵达与迎宾

在客人抵达宴会厅前,主方应提前安排好迎宾人员在宴会厅入口处等候。迎宾时,主人一般也在门口迎接。

(二) 引宾入席

如果有可能的话,主方应当尽量安排迎宾人员或者宾馆的服务人员引领来宾入席。常规的做法是:先引一般客人入席,再引主宾入席。客人应当按照请柬上注明的号码入席,就算没有人引导入座,也不要四处乱逛。如果自己身边就座的是女士或年长者,应主动协助他们落座。入座时要轻、稳,坐姿应端正、自然,不要慵懒地斜靠着椅背;不要将椅子往前倾或往后翘;不要将自己的双腿伸得过长而影响他人;不要无所事事地玩弄桌上的餐具,甚至敲敲打打。

(三) 致辞

在正式开席之前,特别是正式宴请活动,主人应该站起身来致敬酒辞,对宾客的光临表示感谢和欢迎。敬酒辞一般应简短并体现出主方的热情欢迎,3~5分钟就可以了,不要长篇大论,动辄大半个小时,让客人面对一大桌美味佳肴而不能享用是很不合情理的。主人致敬酒辞时,客人应当仔细地倾听,不要交头接耳,或者闭目养神。我们常说"客随主便",即便是敬酒辞偏长,客人也应当体现出宽容、有耐心,面含微笑地注视着主人的方向。

(四) 开席

主人致敬酒辞之后,会提议全体来宾共同举杯。这时,客人应起立举杯,目视主人方向。在与主桌贵宾碰杯以后,主人往往会再到其他桌依次敬酒。当主桌未祝酒时,其他桌不可起立或串桌敬酒。客人不宜首先提议为主人干杯,以免喧宾夺主。当有人提议为你干杯时,不要随意拒绝,即使不能喝也应有所表示。在敬酒时如果不能碰到对方的杯子,可以用酒杯杯底碰触一下桌子。另外,不要交叉干杯。

(五) 进餐

1. 取食有序

开席后,宾客开始进餐。在中餐宴席上,每道菜上桌之后,应先请主宾取食,不可争抢,那样会显得有失教养。取食时,对个人喜爱的食品不可取得过多,对个人不爱吃的食物也不可表示出厌恶的情绪,或者对菜肴说三道四。由服务人员统一分菜或主人亲自推荐菜肴时,不要一口拒绝,如果实在不爱吃,可取少量放在盘内。

2. 进餐文明

进餐时,应细嚼慢咽,不要狼吞虎咽、摇头晃脑。不要在吃得酒足饭饱之时,打嗝拍肚,更不要吃得满头大汗,丑态百出。有些人喜欢在吃到肚子撑的时候松皮带、捋衣袖、挽裤腿等,这些动作会给人以粗俗野蛮的印象。参加正式的宴会,饮酒要做到掌握分寸,不要喝得酩酊大醉,否则容易误事,也容易在众人面前出丑。

3. 不要一惊一乍

在进餐的时候,即使发现食物里面有不干净的东西,也不要大呼小叫,正确的做法是:不要作声,立即用餐巾将不干净的东西包住,然后悄悄地放在残渣碟里,不要向其他人展示,这会影响他人的食欲,同时也会让主人感到非常尴尬。当然,也不要大发牢骚,抱怨餐厅的服务质量,因为这也会让主人觉得没面子,毕竟餐厅是主人选定的,责备餐厅其实在某种程度上也就是在责备主人。

4. 交谈有度

在整个进餐的过程中,一言不发、只顾个人埋头进餐的宾客是不受他人欢迎的。在进餐过程中可适当交谈,选择一些轻松愉快、不易引发矛盾的话题,忌谈一些让人大倒胃口、恐怖血腥的话题。如果是家宴,客人可以不失时机地赞美一下主人的手艺或家庭环境。口里满含食物时不宜跟他人谈话;如有问题向他人请教,应趁对方在吞下食物或暂时休息时进行。宴请活动是商务人员相互联络、增进情感的交际活动,所以与会人员应当注意积极地参与交谈。另外,不要只顾着跟自己邻座或熟人谈得火热,而对离自己稍远的宾客或不认识的宾客视而不见。总之,宴请上的交谈以增进友谊、活跃气氛为目的,所以要讲究一定的交谈艺术。

(六)进餐结束后离席

进餐结束后离席时要注意先后,应请身份高者、年长者、女士先离席;贵宾一般是最先离席的,与之身份相当的人可以同时离席。离席时应注意动作轻、稳,不可突然一下子站起来,打翻了椅子,碰倒了杯子。离开时,应顺手将椅子归原位,男士可为身边的女士提供帮助。

(七)告辞与送客

在宴请活动中,客人不要一吃完饭,抹抹嘴就走,而应当先向主人告辞。客人告辞不宜过早,也不宜过晚。如果是主宾,应先于其他客人向主人告辞,否则会给其他客人带来不便,但也不能太早。如果是普通宾客,则应在宴会结束主宾告辞后及时向主人告辞,不可因为贪杯而拖延不走,但也不可先于主宾告辞。不论是主宾还是普通宾客,一般不要中途离开。若确有急事,应向主人说明并表示歉意后,方可轻轻离去;也可事先说明,到时间再悄悄离去,不要大呼小叫惊扰到其他客人,破坏宴请的热烈气氛。有些人因为不懂得告辞的礼节,参加宴会且需要中途离开时,会一一询问所认识的每一个人要不要一起走,结果本来热热闹闹的场面,一下子便冷清了。这种错误很难被主人谅解。

主人应安排好相应的送客人员,并提前在宴会厅门口送客。离开前,主宾之间应礼貌地握手并相互道谢,客人向主人告辞后,应该马上离开,不要拉着主人在门口聊个没完。因为当天主人要做的事很多,现场也还有许多客人,如果占用主人太多时间,会造成他(她)在其他客人面前失礼。如果主人有礼品赠送,可以在送客时奉上,客人可欣然收下这些小礼品。除了主人赠送的礼品或者纪念物(如精美的菜单)之外,客人不要将招待宾客的食品、点心、香烟、酒水等随意带走。

(八)客人致谢

在宴会后的一两天之内,客人应当给主人打电话致谢,或发送致谢的信息。

课堂实训

一、技能题

公司即将举办十周年庆典的大型宴请活动,为保证庆典活动顺利圆满地举办,需要提前拟订宴请活动方案,请以小组为单位,讨论方案应当就哪些问题做出明确的设计安排。各小组派代表上台汇报,教师和其他同学进行点评。

二、案例题

1. 张小姐应邀参加一次正式的商务宴请活动,在进餐过程中,她突然在青菜里发现了一条小虫,于是大惊失色地叫道:"天哪!这道菜里有虫子,大家吃的时候小心!"听了张小姐的话,客人们吃饭的时候就格外小心起来,主人劝菜的时候也是有些尴尬。

请分析张小姐这样的做法是否合理。

2. 马小姐应邀出席某公司的商务宴请,宴请进行到中途,马小姐因为自己手头还有一点儿事要去处理,于是马小姐对主人说明情况后,又向在场的十几位朋友一一告别,她还问其中几位要好的朋友:"要不要一起走哇?吃得差不多了吧?"

请分析马小姐的做法有何不妥。

3. 张先生代表公司到南方某城市参加ZD公司的周年庆典活动。在活动期间,ZD公司为来宾准备了丰盛的自助餐。张先生走入自助餐厅一看,这么丰盛的食物,十分高兴。张先生认为,既然是自助餐,那就没必要讲究太多的礼节了。为了避免在自助餐厅里走来走去,张先生取了两个大大的盘子,装满了两大盘,其中自己爱吃的大龙虾就足足装了一个大盘子。端着这两大盘食物,张先生找了个安静的角落,独自享受着美食。

请就以上案例,分析张先生的表现有何不妥之处。

4. 酒桌上我们常常可以听到"感情深,一口闷;感情浅,舔一舔;感情厚,喝不够;感情铁,喝出血"之类的劝酒辞。刚刚参加工作的小王,也一直把这些话奉为至理名言。有一天,公司里来了几位客户,为了满足客户的要求,公司特意选了当地最有名的一家川菜馆。小王作为这次接待的陪同人员,在酒桌上不停地为客户斟酒、劝酒,主张不醉不归,结果事与愿违,客户表现得非常不高兴。

请分析小王的做法有何不妥。

任务二　中餐礼仪

案例导入

一个炎炎夏日的中午,李先生作为主宾应邀参加一个商务宴请。由于出门时没有考虑好公交堵车的问题,结果他还在路上,宴请的时间就已经到了。情急之下,李先生只好下了公交车换出租车。当李先生匆匆忙忙抵达宴会厅时,他满头大汗,主人和其他客人也已等候他多时了。主人见主宾李先生已到,立即吩咐开席。李先生接过服务人员递过来的餐巾,又是擦汗又是擦脖子,还不停地说:"热死人了!今天这坐的什么破公交车呀!"抱怨完之后,李先生将起衣袖,清了清嗓子就开始吃了起来。他一边吃一边不停地点评每一道菜:"这道鱼,不错,做得比较鲜美。""这道鸡嘛,其实还可以再多蒸五分钟。""哟,这是什么菜?做的花样还真是新颖呀,呀,原来是普通的胡萝卜……"李先生可能饿坏了,他大口地嚼着饭菜,咕咚咕咚地喝着啤酒,谈兴也特别高。不一会儿,他就吃不动了,肚子胀得圆圆的。他坐着有些难受,于是站起来将皮带松了一些,然后拍着肚皮说:"今天吃得可真爽呀!"

请评价李先生这次赴宴的过程。应邀出席正式的宴请活动时应注意的礼节有哪些?

任务目标

1. 掌握中餐上菜顺序。
2. 掌握中餐餐具的正确使用及进餐礼仪。

相关知识

中华饮食文化享誉世界,中餐八大菜系各具特色。中餐宴会展示了中华民族的传统文化,是我国商务宴请的常用形式。中餐宴会,从宴会开始到宴会结束,有一套完整的礼仪规范。总体而言,中餐大多使用合餐制,一桌人团团围坐合吃一桌菜;中餐多使用圆桌,有时也使用方桌。

一、中餐的菜肴选择及上菜顺序

(一)宜选菜肴与忌选菜肴

正式的中餐宴请一般事先就要确定菜单。中餐的菜单一定要体现出中餐特色、本地特色、餐馆特色,宴请外地来的客人不妨选择一些本地的特色菜;如果是宴请本地的客人,则可以选择餐馆的特色菜肴。

如果说一份中餐菜单达不到体现特色的要求,那么最起码也一定要避开客人的禁忌。对于这一点,在安排菜单时,一定要予以考虑。如果做不好这一点,宴请就不会达到好的效果。

(二)上菜顺序

中餐的菜肴是一道一道分先后次序上,上菜一般先从主桌开始,但其他桌与主桌上菜的时间不能相差太多,菜的道数也不能相差甚远,否则会给客人厚此薄彼之感。中餐菜肴的上菜顺序一般为:冷盘——热炒——主菜——点心和汤——水果拼盘。在我国广东地区,一般是将汤放在前面,所以第一道上来的往往是汤。上菜的方式有的是每人一份,比如例汤;有的是由服务员现场为每个宾客分配菜肴;也有的是将大盘的菜肴放在桌上,由宾客们自行取食。如果上的是全鸡、全鱼、全乳猪之类有头有尾的菜,头的一边一定要朝向主位。

二、中餐的桌次与座次

中餐的座位涉及两个方面,一个是桌次,一个是座次。在排列桌次时,应当遵循"面门定位,主桌定位,远门为上,临台观景为上,干扰少者为上,以右为上,以中心为上"等原则。在排定座次时,遵循"面门为上,背门为下;以右为尊,近尊远卑"等原则,具体可参看本项目任务一"宴请筹备礼仪"。

三、进餐礼仪

(一)行为表现

进餐时,有些人喜欢在动筷之前,或取菜之前,清清嗓子、打打响指、卷衣挽袖,就好似准备大干一场,这种做法会给人以粗俗之感。在餐桌前不要打哈欠,这样会让主人觉得你对餐桌上的饭菜不感兴趣。如果实在控制不了,也一定要马上用手捂住嘴,然后说一声"对不起"。

另外,还有一个问题就是在进餐时接打电话。很多人喜欢在吃饭时接打电话,洪亮的声音伴随着横飞的唾沫,使在座的其他人没办法放松和自然地用餐。如果在进餐时有电话打进来,一般应向在座的其他人表示:"对不起,我接个电话。"然后转过身去接听电话,如果估计接听时间比较长,最好是出去接电话。

(二)取菜

进餐时,应依序取食菜肴,一般请主位的宾客先取食,不管是哪一道菜,如果主宾没有取,其他人不要先取。所以,主宾这时就应当尽快取菜,而不要久久不动,使得其他人想吃也不能吃。等主宾取过菜之后,其他客人再按顺序取食。取食时,应尽量取位于自己面前的菜肴,如果有些菜肴离自己较远,不要起身夹菜,可以按顺时针的方向旋转转盘,将菜肴转到自己面前。当他人正在夹菜时,不要旋转转盘。当吃到不喜欢的菜肴时,不可面露难色、紧皱眉头或说三道四;看到喜欢的菜肴时,也不可大吃特吃,让他人没有机会享用。取菜的时候不要左挑右翻,更不能夹过来后,发现自己不爱吃,又把菜夹回去。

(三)喝汤

喝汤时不要发出声音,用调羹取少量的汤试试温度,确保温度合适再喝。不可将汤喝进去,发现太烫又马上吐出来,不可用嘴对着汤吹来吹去,不要端着汤碗"咕咚咕咚"地将汤直接喝进嘴里。

(四)劝菜

进餐时,如果主人觉得某道菜很不错,可以向客人推荐,但一般不宜为客人夹菜。主人应当认识到,每个人喜欢的口味不同,自己喜欢的,客人不一定喜欢,如果主人强行为客人夹菜,可能会让客人觉得为难。可是,有的主人就偏偏喜欢为客人夹菜,觉得不把客人的碗碟夹满就显得不够热情。面对这种情况,客人应当理解主人的一片盛情,首先表示感谢,不可面露愠色,同时也可以客气地致谢:"谢谢!我自己来吧!"有时候碰到自己确实不能吃的菜,就应当告诉主人,求得主人的理解。

(五)关于酒水

正式的宴会上一般不饮用啤酒,便宴或家宴上则可以饮用。在正式的宴会上,摆放在宾客前面的一般有三个杯子,分别是白酒杯、葡萄酒杯、水杯。这三个杯子不要乱用,用白酒杯来喝水或用水杯来喝葡萄酒都是失礼的。

当服务员为客人斟酒时,客人一般只要点头致谢即可,但若是主人亲自前来为客人斟酒,客人则应站起来或端起酒杯并点头欠身表示感谢。主人为客人斟酒时要注意:从主宾开始,按顺时针方向为客人斟酒;斟酒时应站在客人的右边;除啤酒之外,斟酒时不可使瓶口接触杯子;斟酒时不要把酒水倒到客人的身上或桌上,这就需要控制好酒瓶的角度,斟完酒后可以顺势旋转瓶身;斟啤酒时要斟满,速度宜慢,斟葡萄酒则不必斟满。

敬酒要讲究一定的顺序。在正式的宴会上,当主人致完敬酒辞后,应先向所有客人敬酒。主人除了应当向主宾敬酒以外,还可向其他桌的客人依次敬酒。在主人敬过酒后,其他桌也可以回敬主人,客人与客人之间亦可相互敬酒。敬酒时要讲究一定的礼节。碰杯时应起身站立,左手也可托住杯底,右手端起酒杯至眼睛的高度,面带微笑,注视对方,并说一些祝福的话语。祝酒时如果能说出几句精彩而又精辟的祝福语,往往能够活跃气氛,同时也会给其他的宾客留下深刻的印象。如果提议"干杯",最好就要把酒喝完;如果提议"自便",则可根据个人的情况,酌量饮用。碰杯时,一般身份或职务较低的人应控制自己酒杯的高度,使其不高于对方的酒杯,以示敬重。

当主人告知客人所喝之酒是名酒时,客人应当认真品酒。当然,品酒也遵循一定的程序,即一看、二闻、三呷。看的是酒的颜色,闻的是酒的香味,呷的是酒的味道。

中餐强调"无酒不成宴",在传统的中餐宴请中,主人有时会反复向客人劝酒。现在的商务宴请则越来越趋向于不强人所难,过去的那种"不放倒客人不罢休"的观念也逐渐为饮酒时"量力而行"所取代。

(六) 不违食俗

任何国家或地区都有自己的餐饮习惯,中餐也是如此。例如,在中国某些沿海地区,当地人吃鱼时不翻动鱼身,认为这翻鱼身不吉利,所以在食用这类菜肴时一定要注意相关的食俗。

(七) 交谈适度

在中餐宴会上,想与身旁的人交谈时,不要先用手碰一下对方,或以"喂"开始双方的交谈;双方不要隔着人交谈,特别是隔着两个人以上,这意味着把中间的人当成了透明人。同身旁的人说话时,注意不要背对着另一个人。若有悄悄话要说,应在宴会结束后的其他时间进行,当着其他人的面耳语容易给人在议人是非的感觉。在餐桌前不可没有交谈,但也不可说太多。进餐时需要营造一种和谐、轻松的气氛,所以在餐桌前不要讨论一些容易引起大家争论的话题,这样会影响大家进餐的心情。如果不是主人,就不要过分殷勤地向其他人劝菜,特别是向身边就座的女士殷勤劝菜,这样容易给人以喧宾夺主之感。

在正式的宴请活动中交谈所涉及的话题,不可像朋友在一起吃饭时那样随意。引出一个话题前,一定要考虑一下在场的其他人的情况。有的人爱谈婚姻,但如果在场的人当中有离婚独居的,或有大龄青年尚未结婚的,这种话题就不太适合。有的人喜欢谈房子,说自己家里买的三室两厅是如何不够用,这样会让在场的仍然还处在租房居住阶段的宾客感到不好受。可见,在宴请活动中,一定要选择合适的话题,不可信口开河,随心所欲。

四、餐具的正确使用

(一) 餐巾

在中餐宴会上,进餐前有热的湿毛巾供客人擦手之用,但客人不要用这个湿毛巾当场擦脸、擦胳膊、擦脖子等。另外还有餐巾,餐巾主要用来防止食物掉在衣服上,不要把餐巾当作围脖,也不要把餐巾别在皮带上。如果餐巾较大,在打开使用时,不要使劲地抖动,像是在铺床单似的。进餐时,餐厅提供的纸巾主要是用来擦嘴的。

(二) 筷子

中餐桌上一般是每人配一双筷子,另外还有公筷,筷子的使用有一定的规范。

(1) 筷子应摆放在筷子座上,不要直接放在餐桌上或交叉放在碟盘上,也不要直接横放在碗上。在使用筷子的过程中要注意轻拿轻放。

(2) 握筷子的高度要适中,不可过高或过低;在正式宴会上,取菜时讲究用公筷或调羹将所需菜肴取到自己的碟盘中,然后再用自己的筷子慢慢夹食,不能用自己的筷子直接取菜。

(3) 右手持筷子,成双使用,不要倒拿筷子,不要用单只筷子叉取菜肴。不要一手握筷子一手持匙,这样"左右开弓",会给人以饿极了的感觉。

(4) 注意保持筷子的干净,不要让自己的筷子上沾满饭粒和菜汁。

(5) 不要将筷子放在嘴里含着甚至是吮吸筷子并发出"滋滋"的声音。

(6) 不要用筷子敲打杯盘碗碟。

(7) 不可用筷子指人。

(8) 不要将筷子插在米饭上。

(9) 当他人在取食时,自己可以稍等片刻,以防出现几双筷子"打架"的情况。用筷子取菜时不可取得太快或太慢,不要弄得满桌都是汤汁。

(三)调羹

中餐桌上,调羹主要用来舀取流质的食物。以调羹取食时不要太满,为了让调羹里的汤汁不"沿途"洒个不停,可以在取食时稍稍停一停,当然也可少取一些。品尝食物时,不要将整个调羹都送入嘴里,更不要把调羹放在嘴里舔来舔去。进餐过程中要注意保持整个调羹的干净。此外,不要将调羹碰得叮当直响,不要将调羹插在米饭中。

(四)碗碟

中餐桌上的碟子主要用来盛放食物或堆放食物残渣。要注意的是,吃剩的骨头或残渣不要直接吐在碟子内,可用筷子或调羹作为中转,或以手作为中转,将骨头或残渣放入碟子。不要将残渣直接吐在桌面上,把桌面弄得一片狼藉的人是不会受到同桌人的欢迎的。

(五)水盂

在中餐桌上,有些菜肴需要用手直接取食。碰到这种情况,服务人员会为宾客端上精美的水盂,里面有时还会放一片柠檬片或一些花瓣。请注意:水盂里的水是用来洗手指尖的,不要用来洗脸,更不要饮用。

(六)水杯

水杯不可倒扣在桌子上,也不可将已经入口的酒水吐到水杯中。

(七)牙签

在宴会上,尽量不要当众剔牙,非剔不可时则必须用餐巾或手掩盖后操作。剔牙之后应以纸巾包住牙签,不要将剔出来的残渣再放回嘴里。叼着牙签,拿着牙签挥来挥去,用剔过牙的牙签继续叉食其他食物等,这些都是不符合礼仪规范的。

课堂实训

一、技能题

1. 请将现实生活中的不文明用餐行为的图片或视频做成PPT,向全班同学展示并进行讲解。

2. 请选择学校附近的几家中餐馆作为考察对象,拟定宴请的菜单,制作成PPT,向全班同学说明菜单的确定过程及相关考虑因素。

二、案例题

1. 持续一整天的摩托车公司的经销商会议结束了,会后自然少不了聚餐饮酒,饭桌上敬酒也少不了。作为培训老师的赵教授很自然首先受到销售经理的敬酒,心里很是舒畅。紧接着,销售经理拿起酒杯,面对自己的老板讲道:"刘总,我敬您一杯,谢谢领导对我工作的支持和对我的培养……"话音未落,老板就打断了他的话,责备道:"怎么能先给我敬酒呢?应先给各位经销商老板敬酒,他们可是我们的客户,我们的上帝呀!"销售经理立马转了话题:"喔!不好意思,各位经销商老板,王老板、李老板、周老板,我敬各位一杯,谢谢大家对我们公司的信任,谢谢大家对我们公司摩托车的大力推广。"各位经销商老板马上附和道:"客气!客气!也祝贵公司摩托车业务繁荣,财源广进。"渐渐地,饭桌上的气氛就热闹起来了。

请就以上的案例分析中餐的敬酒有什么要注意的礼节。

2. 某五星级酒店要求服务人员在为顾客上菜以后,首先退一步,然后以右手手掌指向该菜所在方向,为客人报上菜名,并作简短的特点介绍,最后加上一句"请慢用"。

项目五 商务宴请礼仪

请分析这家酒店的做法有何可取之处。

3. 在某地一家饭店,正值午餐时间,一位台商在此用餐,当服务员发现这位60多岁的台商面前的碗是空碗时,就轻步走上前,柔声说道:"请问老先生,您还要饭吗?"那位先生摇了摇头。服务员又问道:"那先生您用完了吗?"只见那位老先生冷冷一笑,说:"小姐,我今年60多岁了,自食其力,这辈子还没落到要饭吃的地步,怎么会要饭呢?我的身体还硬朗着呢,不会一下子就完的。"

请谈谈上述案例中服务员的说法有何不妥。现实生活中还有哪些说法在餐桌上是禁忌的?请收集整理并向其他同学讲解。

4. 在某宾馆的多功能餐厅,众多的宾客在恭维吴老先生来本地投资,吴老先生神采飞扬,高兴地应承着这些恭维的话。宾主频频碰杯,服务员们忙进忙出,热情服务。不料,一个服务员不慎将桌上的一双筷子拂落在地。"对不起",这个服务员忙道歉,随手从邻桌上拿过一双筷子,搁在吴老先生的筷子座上。吴老先生的脸上顿时"多云转阴",煞是难看,他默默地注视着服务员的一连串动作,刚举起的酒杯一直停留在胸前。众人看到这里,纷纷指责服务员。服务员一时不知所措。吴老先生终于从牙缝里挤出了话:"晦气!"顿了顿:"唉,你怎么这么不小心,你知道吗?这筷子落地意味着什么?"边说边瞪大眼睛:"落地即落第,考试落第,名落孙山,倒霉呀,我第一次来贵地投资,就这么讨个不吉利。"服务员一听,更慌了:"对不起,对不起。"手足无措中,又将桌上的小碗打碎在地。服务员尴尬万分,不知如何是好,一桌人有的目瞪口呆,有的吵吵嚷嚷,有的……就在这时,女领班来到客人面前,拿起桌上的筷子,双手递上去,微笑着说:"啊,吴老先生。筷子落地哪有倒霉之理,筷子落地,筷落,就是快乐,就是快快乐乐。""这碗么,"领班一边思索,同时瞥了一眼服务员,示意她打扫碎碗。服务员顿时领悟,连忙收拾碎碗片。"碗碎了,这也是好事成双,我们中国不是有一句老话吗——岁岁平安,这是吉祥的兆头,应该恭喜您才是呢。您这次投资,一定快乐,一定平安。"刚才还满面阴郁的吴老先生听到这话,顿时转怒为喜,亲自为领班和自己各斟了满满一杯酒,站起来笑着说:"小姐,你说得真好!借你的吉言,我们大家快乐平安,为我的投资成功,来干一杯!"

请结合这个案例谈谈就餐过程中的注意事项有哪些。

任务三 西餐礼仪

案例导入

小张和几位同事受公司委派到英国商谈业务。一天下午,他和几位同事走进了一家餐厅进餐。待所点菜肴上桌之后,小张和同事们便开始大快朵颐,他们一边吃一边开心地聊着,还时不时碰碰杯。因为使用刀叉进餐不是很习惯,小张索性用叉子叉起一整块牛排咬着吃了起来。其他几位同事倒是坚持使用刀叉进餐,但是用刀切割牛排时发出的"吱吱"声、杯碟相碰发出的"叮叮"声在整个餐厅里显得特别刺耳。用餐后,整个桌面上杯盘狼藉,连地毯上都沾满油渍。

119

任务目标

1. 了解西餐座次的排列规则。
2. 掌握西餐菜肴的上菜顺序。
3. 掌握西餐餐具的使用。

相关知识

西餐,是对西式饭菜的一种统称,它的菜式主要有法国菜、意大利菜、英国菜、美国菜、俄罗斯菜等,这些菜式虽各有特点,亦有一些共通之处。商务人员掌握一些必备的西餐礼仪知识,才能在正式的西式宴会中展示出个人的风度并体现出对他人的尊重。

一、西餐座次的排列

西餐常见的餐台形式有便宴台、冷宴台、宴会台和鸡尾酒会台、茶会台。这些不同类型的餐台的设计和摆法也不同。人数较少时可以使用小方台,人数稍多就可以用两张餐桌拼在一起,如果人数更多的话,可以将多张餐桌拼成长方形,或者拼成T字形。座次的高低取决于离主位的远近。西餐餐桌上一般更多地考虑座次的问题。除非是极其隆重的宴会,一般较少涉及桌次问题。

(一) 座次排列规则

1. 恭敬主宾

西餐宴请中主宾往往备受恭敬,这种恭敬体现为:即使用餐的来宾中有人在地位、身份、年龄方面高于主宾,但主宾仍然是主人关注的中心,仍然是整个宴请活动的中心。在排定座次时,应请男、女主宾分别紧靠女主人和男主人就座,以便男女主人更好地照顾男女主宾。

2. 女士优先

女主人一般就座于主位,而男主人就座于第二主位,所以面门而坐的往往是女主人,背门而坐的往往是男主人。

3. 以右为尊

在距离男女主人位置远近相同时,遵循以右为尊、面门为上的原则。面对餐厅正门的座位通常在序列上高于背对餐厅正门的座位。一般来说,西餐桌上座次的尊卑与距主位的远近相关,离主位近的座次高于离主位远的座次。

4. 交叉排列

排列座位时,往往将男女交叉排列、不相识的人与熟人交叉排列,以便于来宾更好地结交朋友、扩大交际圈。这么一来,一个人座位的对面和两侧往往是异性,而且大多为自己不太熟悉的对象,不过这也就要求用餐人数最好是双数,并且男女人数各半;如果宴请的都是熟人或男女人数不均,那情况就会不同了。

(二) 座次排列详情

一般的西餐餐桌有长桌、方桌和圆桌。有时还会以餐桌拼成其他各种图案。最常见的是长桌。

1. 长桌

以长桌排位,一般有两个方案。一是男女主人在长桌中央对面而坐,餐桌两端可以坐人,也可以不坐人,如图 5-10 所示;二是男女主人分别就座于长桌的两端,如图 5-11 所示。如果人数较多,还可将长桌拼成其他图案,以便大家一起用餐,如图 5-12 所示。

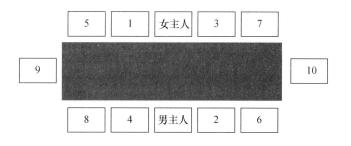

图 5-10　西餐座次 1

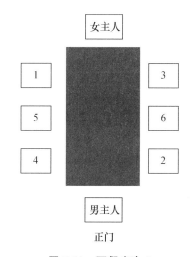

图 5-11　西餐座次 2

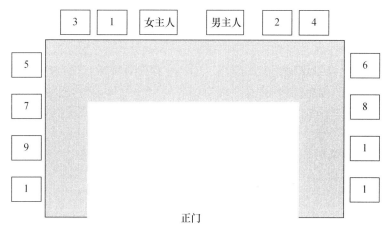

图 5-12　西餐座次 3

2. 方桌

以方桌排列座次时,就座于餐桌四面的人数应相等。一般是每边坐两个人,男女主人与男女主宾斜对面而坐,所有人均各自与自己的恋人或配偶成斜对角,如图 5-13 所示。

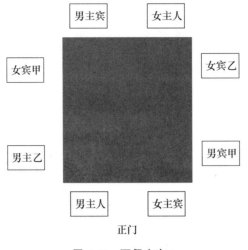

图 5-13　西餐座次 4

3. 圆桌

西餐中圆桌较为少见,尤其是在正式的西餐宴会上。

二、上菜顺序

(一) 头盘

西餐的第一道菜是头盘,也称开胃菜。吃开胃菜的目的不在于满足食欲,而在于刺激食欲。开胃菜有冷头盘和热头盘之分,常见的如鱼子酱、鹅肝酱、焗蜗牛等。因为是用来开胃的,所以开胃菜一般都有特色风味,味道以麻、酸、咸、辣为主,而且量比较少。

(二) 面包和汤

面包多为切片的面包。汤是西餐中绝对不可少的,有蔬菜汤、浓汤、清汤、奶油汤、冷汤、鸡汁汤、对虾汁汤等,不同的汤口感不同。开始喝汤了,意味着正式开始吃西餐了。

(三) 主菜

主菜一般包括鱼类、水产类、禽畜肉类。鱼类菜肴肉质鲜嫩,比较容易消化,所以大多放在禽畜肉类菜肴之前上菜。肉类菜肴多取牛、羊、猪肉为原料,有时候也会取兔肉或驴肉为原料,依据所取部位的不同,烹调的方法也稍有差异,最有代表性的是牛肉或牛排,其烹调的方法有烤、煎、铁扒等。禽类菜肴多取鸡、鸭、鹅为原料,如火鸡、山鸡、竹鸡等,可煮、炸、烤、焖。有时在上肉类菜肴的同时或稍后会上蔬菜类菜肴,在西餐中称为"沙拉",和主菜同时食用的沙拉的原料有生菜、西红柿、黄瓜等。

(四) 点心

点心一般包括蛋糕、饼干、三明治等,就餐者可以依据个人的喜好有选择地食用。

(五) 甜品

甜品包括布丁、煎饼、冰激凌、奶昔等,一般在饭后食用。

（六）果品

果品包括干果与新鲜水果两类，常用的干果有核桃、榛子、杏仁、开心果、腰果等，新鲜水果则应根据时节来选择。

（七）热饮

这里的热饮包括红茶和黑咖啡，一般选择其中一种，不同时享用。它们的作用是助消化。热饮可以在餐桌上喝，也可以在客厅或休息厅里喝。

以上介绍的是比较正式的西餐宴请中上菜的顺序。在一般的西式便餐会上，上菜顺序则从简从便，有时候就是一个汉堡加一杯咖啡。

三、餐具的使用

常见的西餐餐具的摆放如图 5-14 所示。

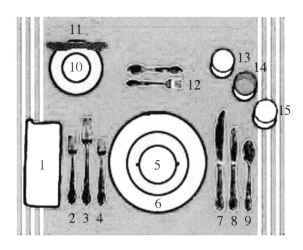

图 5-14　西餐餐具的摆放

1. 餐巾 Napkin
2. 鱼叉 Fish Fork
3. 主菜叉 Dinner or Main Course Fork
4. 沙拉叉 Salad Fork
5. 汤杯及汤底盘 Soup Bowl & Plate
6. 主菜盘 Dinner Plate
7. 主菜刀 Dinner Knife
8. 鱼刀 Fish Knife
9. 汤匙 Soup Spoon
10. 面包及奶油盘 Bread & Butter Plate
11. 奶油刀 Butter Knife
12. 点心匙及点心叉 Dessert Spoon and Cake Fork
13. 水杯 Sterling Water Goblet
14. 红酒杯 Red Wine Goblet
15. 白酒杯 White Wine Goblet

（一）刀叉

1. 刀叉的分类

使用刀叉进餐时，应右手拿刀，左手拿叉。刀叉各有用处，不能相互替代或混用。刀是用来切食物的，不要用刀挑起食物往嘴里送。西餐中的刀分为鱼刀、肉刀、黄油刀、水果刀，不同的刀功能不同，不要混用。一般吃肉用的刀较大，吃海鲜用的刀稍小，吃水果、沙拉用的刀则更小。用叉子叉起食物往嘴里送时，只需将食物送入，而不要将整个叉送入嘴里，以嘴唇不触及叉齿为最标准。另外，应注意不要叉起一整块食物，一口一口地咬着吃。在使用刀叉配合进餐时，不要让刀叉在牙齿上或盘子上摩擦出声响。

2. 正确使用刀叉

正式的西餐中，通常都讲究每吃一道菜就要换一副刀叉，即在吃每道菜时，都要使用专门的刀叉。吃鱼所用的刀叉和吃肉所用的刀叉不可以混用，也不可以从头到尾只用一副刀叉。刀叉应当分别纵向摆放在用餐者面前的餐盘两侧，餐刀在右，餐叉在左。有时，餐盘左右有好几副刀叉，要想不出错，可依次分别从两边由外向内取用。吃黄油所用的餐刀没有与之匹配的餐叉，它的正确位置是横放在用餐者左手的正前方。吃甜品用的刀叉一般横向放在用餐者正前方。

英式西餐中，要求进餐时始终以右手持刀，左手持叉，一边切割一边叉食，我们称这种吃法为"优雅型"。美式西餐中，进餐时先是右刀左叉，把餐盘里要吃的食物全部切割好，然后把右手的刀斜放在餐盘前方，将左手中的叉换到右手中，再来进食，我们称这种吃法为"省事型"。当盘内的食物过于细碎时，可以用刀挡着，再以叉靠近舀起；也可以用叉将细碎的食物收集到汤匙中，再以汤匙将食物送入嘴中。

为了更好地用刀切割食物，一定要掌握正确的切割姿势。肩膀与手肘放松，两臂不要张开；在切割食物时不要弄得餐盘"咯吱"作响；如果刀叉不慎掉落，不要趴到桌子底下满地找刀叉，可示意侍者更换；餐刀暂时不用时，不可将刀口向外放置。

3. 刀叉的"暗示"

西餐中，刀叉的放置不同，传递的信息也不同。如果想休息一下再用餐，这个时候可以把刀叉分开放，左叉右刀，呈"八"字形，刀口向内，叉齿向下，这样放置的含义是"此菜尚未用毕"，当盘中食物吃完时，这种放置方式又表示"请给我添食"。另外，请注意不要把刀叉摆成"十"字形。如果用餐结束，不想再吃了，可以刀口向内，叉齿向上，左叉右刀并排纵放，刀柄和叉柄朝向自己的胸部，也可以刀上叉下并排横放在餐盘里，这样放置的含义是"本人已用好此道菜了，请把它收掉"。

(二) 餐匙

1. 餐匙类别

西餐桌上一般至少有两把餐匙，即汤匙和甜品匙。"头"较大的餐匙为汤匙，它通常与餐刀并列纵放在用餐者右侧的最外端；"头"较小的餐匙为甜品匙，它通常横向摆放在吃甜品所用的刀叉的正上方，并与其并列。这两种餐匙各有各的用途，不要相互代替。另外，茶匙和咖啡匙在上茶和咖啡时会一道奉上。

2. 餐匙的用法

使用餐匙取食时，动作应利索，切勿在汤或甜品中搅来搅去；取用适量，一旦入口就要一次用完。汤匙用来舀汤，甜品匙用来吃甜品，不可用它们直接舀取其他食物。用餐过程中要保持餐匙干净，已使用过的餐匙不要放回原处，如应将用过的汤匙放在汤杯里，不要再放回餐桌桌面；用餐过程中，不要将餐匙直插在甜品、浓汤中。

(三) 餐巾

餐巾一般被叠成一定的形状，插在就餐者右前方的水杯里，或者直接放在用餐者右侧的桌面上。使用餐巾时要注意以下几个方面。

1. 取用的时机

女主人铺开餐巾就等于宣布开始用餐了，这时客人可取下餐巾，否则会被认为有些急不可待；当女主人把餐巾放回到餐桌上，就等于宣布用餐结束了。

2. 摆放的位置

用餐时,应将餐巾平铺于并拢的大腿上。如果餐巾是正方形的,应将其折成等腰三角形,并将直角朝向膝盖方向;如果餐巾是长方形的,则应将其对折,然后将折口向外平铺于大腿上。不要将餐巾围在脖子上、衣领口,或夹在皮带上。打开餐巾时不要在桌下抖动。中途离席时,将餐巾放置于本人椅面上即可,千万不要将餐巾放到桌上,因为这样意味着用餐结束了。用餐结束后,应先拿起腿上的餐巾稍稍折一下,放在餐桌的左侧,无须折得很整齐,但也不要弄成一团,站起来甩动或折叠餐巾也是不合礼仪的。如有主宾或长辈在座,要等他们拿起餐巾折叠时再跟着操作。

3. 合理使用

应充分发挥餐巾的遮挡和清洁功能。擦拭嘴时应用餐巾的末端轻压一下。餐巾上弄脏的部分不要让人看见,应往内卷起。不要用餐巾擦脸、擦汗,特别是不要用来擦餐具。必须要剔牙时应用左手拿餐巾挡住嘴部,用右手剔牙。如果有要吐的鱼刺、骨头等残渣,可用餐巾遮嘴,用右手持餐叉接住残渣后,再将残渣放到餐盘中,也可以直接吐到餐巾内,将餐巾卷起来,再更换一条新的餐巾。西餐中弄脏餐巾不失礼,不要因为想保持餐巾的干净而舍不得用,将自己的手帕或面纸拿出来用,这样是违反用餐礼仪的。

(四)杯子

在正式的西餐宴会上,一道菜会配一种酒,每一种酒应配相应的酒杯。酒杯常放在主菜盘的右上方,配上一道菜的酒不能再用来配下一道菜,在取用杯子的时候也可跟着女主人行动。使用杯子的时候,不要把杯沿弄脏,嘴上有油渍或口红时应当事先做好相应的处理后再饮酒,酒杯上到处是口红印或油渍会给人邋遢的感觉。如果不想饮酒,可向服务人员声明,而不要将杯子倒扣在桌子上。

(五)盘子

摆放在餐具中间的用来放主菜的盘子即主菜盘。如果有两道主菜就会有两个主菜盘。在主菜盘上通常会有一个稍小的备用盘,这个备用盘可以用来放开胃小吃,可以用作汤碗的托盘,亦可以用来放鱼刺、骨头等残渣,这个备用盘使用完就会被撤走。主菜盘的左上方有一个放面包和黄油的小盘。甜食盘是在主菜盘撤走以后再摆上餐桌的。

四、西餐菜肴的食用

(一)面包和黄油

西餐中,一般在喝过汤之后就可以开始吃面包了。吃西餐时有"左面包,右水杯"的说法,即面包一般放在主菜的左方。当然,在一些高档西餐厅,面包是由服务人员现场送过来的,餐厅往往会提供多款面包供客人选择,这时可根据自己的喜好酌情选择,不要贪多求全。在食用面包时,如果是鲜面包,可以用左手将面包取过来,用右手撕成大小合适的块状并放入口中,切勿像捧着汉堡那样啃着吃,也不要拿着一大块咬着吃;如果是烤面包,为了避免面包屑乱飞,不要撕着吃,而要慢慢地咬着吃,可配些黄油或鱼子酱,味道更好。西餐中面包只是副食,所以不要吃得太多。

西餐中,黄油放在专门的黄油碟中。一般来说,黄油会放在一个公用的黄油盘里,配有公用的黄油刀,每人可以用黄油刀取出少许放入自己的盘内。取黄油时,若黄油正好在自己面前,可用黄油刀取适量,用完后再递给他人;若黄油不在自己面前,可请服务人员或邻座代取,不要站起来伸手去取黄油。抹黄油时,一般是用黄油刀将黄油抹在面包上,不要用面包直接去蘸取黄油,也不要把黄油直接放入口中。吃一块面包就抹一次黄油,不要把整块面包全抹上黄油。

(二) 沙拉

西餐中,沙拉可作为主菜的配菜,如蔬菜沙拉;也可作为间隔菜放在主菜和甜品之间,如鸡肉沙拉。如果沙拉是一大盘,食用时就使用沙拉叉;如果沙拉是和主菜放在一起的,食用时则要使用主菜叉。

(三) 鱼

西餐中虽然有不少鱼类菜肴是事先就切成块状的,但有时是整条上桌的。在食用整条鱼的时候,应左手拿叉,按住整条鱼,右手拿刀把鱼鳍取下,放入剩物盘;用刀把鱼皮从头到尾取下,然后再将鱼头和尾轻轻切一下,但不要切断,最后取下上面的整片鱼肉;取下的鱼刺与头部、尾部一同放入剩物盘中;用刀把下面的鱼肉向旁边推开,将鱼皮与鱼肉剥离。鱼皮应放入剩物盘,西方人通常是不吃鱼皮的。在吃鱼的过程中不要翻鱼身;如果吃到鱼刺,应先吐到叉子上,再用叉子将鱼刺放入剩物盘。

(四) 汤

喝汤时,应以右手持汤匙,由近及远,由内向外舀食(不同于中国人习惯的由外向内舀食)。喝汤时不可发出声音,喝汤呼噜呼噜作响是非常失礼的。一汤匙的汤不要分成数小口慢慢啜饮;如果汤盘中所剩汤不多了,可以左手将盘子倾斜,用右手持匙舀食,不要用面包去蘸盘子里的汤或擦盘子。不要端起汤盘来喝,更不要趴到汤盘上喝。如果汤太烫了,不要用嘴去吹汤,也不要用汤匙反复搅拌使其降温。喝汤时不要吮吸汤匙、把玩汤匙;喝完汤后,应把汤匙放在汤盘里,使汤匙把指向自己。

(五) 肉

西餐中的肉类菜肴一般多指猪、牛、羊肉,在切食时,要注意从左往右切,一次切的大小刚好一口吃下,不要叉起肉一边咬一边咀嚼或分成好几次来吃。食用带骨头的肉类时,服务人员会提供洗手水,这时可以用手拿着吃,吃完后再用水轻轻将手洗净,洗手动作不要太大,洗完后不要乱甩手。

(六) 水果

吃水果时,不要拿着整个水果去咬,应先用水果刀将水果切成几瓣,再用刀去掉果皮和核,用叉子叉着吃。吃苹果时,先用刀将苹果切成大小相仿的四块,然后逐块去皮,再以刀叉配合食用,也可用手拿着去皮的小块苹果直接吃。吃香蕉时,应先剥除外皮,再用刀切成小段,逐段食用,不要一边用手剥一边咬着吃。吃普通的草莓,可用手取食;如果吃带有调味汁的草莓则应使用餐匙。吃葡萄时,如果是成串的葡萄,就要用手一粒一粒地取下来吃;如果是放在盘子里的一粒一粒的葡萄,就最好用餐叉来帮助取食。无籽葡萄吃起来比较方便;若葡萄有籽,则应先把葡萄放入口中吸食果肉,然后把籽吐到手中,最后把手中的果皮和籽放在盘里。吃柿子时,有两种方法:一是先把柿子切成两半,然后用勺挖出果肉食用;二是将柿子放在盘中,柄部朝下,切成四块,然后再借助刀叉切成适当大小的块状食用。

五、西餐中酒水的饮用

(一) 西餐中酒水的分类

1. 餐前酒

餐前酒也称为开胃酒,通常具有强烈的辣味,常见的有鸡尾酒、苏格兰威士忌、啤酒、马丁尼、伏特加等。喝开胃酒的目的是刺激食欲,喝得太多反而没有食欲,所以不要喝得太多。

2. 佐餐酒

在正式的西餐里,每道主菜都配有相应的酒,"白酒配白肉,红酒配红肉"。这里的白酒和红酒指的是白葡萄酒和红葡萄酒,白肉指的是鱼肉、海鲜、鸡肉,红肉指的是牛肉、羊肉、猪肉等。

3. 餐后酒

喝餐后酒的目的是帮助消化,去除吃饱后的疲倦感,多用白兰地酒,如勃艮第、波尔图酒等。

以上的区分并不是十分严格,有时候某种酒可能作为餐前酒,也有可能作为佐餐酒。不同的酒水用不同的酒杯。在每位用餐者桌面右边餐刀的上方,大都会有三四只酒水杯,可从外向内依次使用,也可以跟随女主人的选择使用。

(二)几种常见酒水的特点及饮用的注意事项

1. 葡萄酒

葡萄酒的酒精含量不高,味道纯美,富含营养。根据颜色的不同,葡萄酒可分为白葡萄酒、红葡萄酒、桃红葡萄酒。根据糖分含量不同,葡萄酒可分为微干、半干、干、微甜、半甜、甜等几种,这里的"干"指的是它基本不含糖分。喝不同的葡萄酒有不同的温度要求,白葡萄酒宜在7℃左右喝,故应当加冰块;红葡萄酒则以18℃左右为最佳,所以不加冰。不同的酒杯的握法也有讲究,握盛有红葡萄酒的酒杯时,应用手指握住杯身,而不要以手掌握住杯身,轻轻摇动杯中之酒,使酒与空气充分接触;握盛有白葡萄酒的酒杯时,则只可用手指握住杯柄部分,避免手温影响白葡萄酒的口感。饮用前,白葡萄酒应整瓶酒都放在有冰块的冰桶之中的,瓶外还加上白色餐巾,避免拿酒瓶时因冰块融化而弄湿手。

2. 白兰地酒

白兰地酒是葡萄酒当中特殊的一员,它是用葡萄干发酵以后蒸馏精制而成的,称为"蒸馏葡萄酒",其酒精含量为40%,色泽金黄。白兰地酒的最佳饮用温度为18℃,饮用时应使用专用的大肚、收口、矮脚杯,用手掌由下往上包住杯身,利用手掌的温度为其加温,待其香味洋溢时,闻过后小口品尝,不要端起酒杯就一饮而尽。

3. 威士忌

威士忌是用谷物发酵制成的烈性蒸馏酒,酒精含量为40%。威士忌可以直接喝,也可加冰块、苏打水或姜汁饮用。

4. 香槟酒

香槟酒也叫"发泡葡萄酒""爆塞酒",它是以特种工艺制成的、富含二氧化碳、起泡沫的白葡萄酒。开香槟酒瓶时可先稍稍摇晃,然后去塞,让香槟酒喷射而出。香槟酒可用在进餐、祝酒或庆典仪式上,为人助兴。香槟酒采用笛杯(如图5-15所示)盛放,饮用时握住杯脚,如果杯脚很长,可握住杯脚的最上方以便于控制。

5. 鸡尾酒

鸡尾酒是一种混合型的酒,它是用各种不同的酒以及果汁、汽水、蛋清、糖浆等,按一定的比例,采用专门的技法调配而成。鸡尾酒常常是层次分明、异彩纷呈,好似雄鸡之尾。鸡尾酒采用高脚广口的玻璃杯(如图5-16所示)盛放,饮用时握住杯脚。

图 5-15　笛杯

图 5-16　高脚广口杯

（三）斟酒

喝葡萄酒、香槟酒、白兰地等时不宜斟满，只宜斟酒杯的大概 2/3 左右，因为有些酒在喝之前需要摇动酒杯，使酒的香气充分挥发。第一次上酒时，主人可以亲自为客人斟酒，具体的顺序为从主人右边的主宾开始，最后才是主人自己。西餐中，主人不能自己开酒瓶，一切应由服务人员来操作，酒瓶不能放在桌面上。西餐中，主人不可不停地向客人劝酒。

六、喝咖啡的礼仪

在西餐宴会中，常常配有咖啡供宾客饮用。咖啡一般装在小咖啡杯中，并配有一个咖啡碟和一把咖啡匙。宾客可以在餐桌前饮用咖啡，也可以端着咖啡去其他的房间饮用。喝咖啡时应注意以下几个方面。

1．端拿咖啡杯

咖啡杯（如图 5-17 所示）的杯耳比较小，应以右手拇指和食指捏住杯耳将杯子端起，不可以双手握杯或者用手托杯，更不可以俯身就着杯子喝。在桌子附近喝咖啡通常只需端杯子，不要端碟子；如果离桌子比较远或站立、走动时喝咖啡，没有了餐桌可以依托，则可以左手端咖啡碟子，右手持咖啡杯耳慢慢品尝。饮毕，要将杯子放入咖啡碟，而不要分开放置。

图 5-17　咖啡杯

2．使用咖啡匙

咖啡匙用来在加入牛奶和奶油后搅拌之用，不要用咖啡匙舀咖啡喝，也不要用咖啡匙捣碎方糖。用过的咖啡匙上面沾有咖啡,应轻轻顺着杯子的内缘,让咖啡滴流而下,不能拿着咖啡匙上下甩动或舔咖啡匙。

3. 品尝咖啡

品尝咖啡时讲究一看、二闻、三啜,不要一端起咖啡杯就往嘴里倒,等到喝完了,还不知道自己喝的咖啡是什么味道。喝咖啡时可根据需要往咖啡中加一些牛奶或糖等,但一定要注意适量。如果加砂糖,可用汤匙直接舀取砂糖加入杯内;如果加方糖,应先用方糖夹把方糖夹到咖啡碟的一侧,再用汤匙把方糖加入杯内,而不要把方糖直接扔进咖啡中,因为这很容易使咖啡溅到桌布或衣服上。添加牛奶的时候注意动作要稳,不要洒到桌子上。

4. 搭配甜品

喝咖啡的时候,往往配有一些甜品。食用甜品时要放下咖啡杯,不要左右开弓,一边吃一边喝。喝咖啡时应当放下甜品,吃甜品时则应放下咖啡杯。

5. 适度交谈

尽量不要在他人喝咖啡的时候向他提出问题,让他答话。喝过咖啡后若要讲话,应先擦拭一下,避免嘴边沾有咖啡渍。

课堂实训

一、技能题

1. 李丽作为公司宴请活动的筹备工作人员,主要负责安排宴请的桌次和座次。此次宴请共有客人 12 人,本公司的参加人员为 6 人,共 18 人。宴请的客人分别是 A 公司的经理、副经理、业务主管、财务主管及其他随行人员 2 人;B 公司的经理、副经理、业务主管、财务主管及其他随行人员 2 人。李丽应当如何安排座次?在安排座次的时候李丽应当考虑的因素有哪些?李丽排定座次后还有哪些工作?

2. 请试着将全套西餐餐具按相关礼仪要求摆放。

二、案例题

某公司的业务员刘先生到一家西餐厅就餐。服务员很快便把菜端上来了。刘先生拿起刀叉,使劲切割食物,刀盘摩擦发出阵阵刺耳的响声,他将食物切成一块块后,接着用叉子叉起一大块、一大块的食物塞进嘴里,狼吞虎咽,并将鸡骨、鱼刺吐在洁白的台布上。中途,刘先生随意将刀叉并排往餐盘上一放,顺手将餐巾放到餐桌上,起身去了趟洗手间。回来后发现盘子不见了,餐桌收拾干净了,服务员微笑着请他结账。刘先生非常生气,在那里与服务员争吵起来。

请分析刘先生的做法有哪些不当之处。

三、单项选择题

1. 用西餐中途暂时离开,但还要继续进餐时,刀叉应当(　　)。

A. 根据个人喜欢,只是不要放在桌上

B. 左叉右刀,呈八字形摆放

C. 刀叉并排摆放在餐盘中

D. 将刀叉摆成十字形,放在餐盘中

2. 以下不符合西餐礼仪的是(　　)。

A. 以左为尊　　　　　　　　　　B. 男女平等

C. 恭敬主宾　　　　　　　　　　D. 交叉排列

3. 以下关于西餐宴请表述错误的是（　　）。
A. 西餐中不宜频频劝酒
B. 西餐中讲究"白酒配白肉，红酒配红肉"
C. 喝咖啡时应当用小咖啡匙舀着喝
D. 中途去洗手间，可以将餐巾放在椅面上

4. 西餐中切肉的做法符合礼仪要求的有（　　）。
A. 无要求
B. 先四周再中间
C. 从左往右切
D. 先中间再四周

5. 中餐中使用筷子的禁忌不包括（　　）。
A. 筷子插在米饭上
B. 用单只筷子
C. 倒拿筷子
D. 将筷子放在筷子座上

6. 以下不符合喝汤礼仪的是（　　）。
A. 喝汤时不发出声响
B. 不弄得汤汁四溅
C. 汤太烫了，用口吹
D. 用调羹搅拌使汤凉得更快些

项目六
仪式礼仪

随着社会经济的蓬勃发展,围绕着商务活动开展的各类仪式活动也频繁起来。在各类仪式活动中,企业可以表明对相关部门、贸易伙伴以及客户真诚、郑重的态度,也可以通过媒体介入和社会各界的参加,扩大影响,树立企业形象,让社会了解企业,增加企业的知名度。

任务一　庆典礼仪

案例导入

　　某公司举办隆重的周年庆典活动,准备邀请主管单位、合作单位的领导参加,秘书小李负责邀请嘉宾。小李知道邀请嘉宾是一项重要的工作,他首先根据经理确定的邀请名单,逐一认真地准备了请柬,并在开业庆典前半个月左右,提前寄送了邀请函,以方便嘉宾能够早做安排。在开业庆典的前一天,小李又逐一确认了哪些嘉宾能够如约到场;对个别嘉宾不能到场的情况,小李向领导进行了汇报,并对后续的接待工作等进行了相应调整。

　　小李对庆典的嘉宾邀请工作的处理有何可取之处?

任务目标

　　1. 掌握开业庆典的程序及相关礼仪。
　　2. 掌握剪彩仪式的程序及相关礼仪。

 相关知识

　　成功的庆典活动可以突出组织形象、扩大组织知名度、提高组织美誉度。在商务活动中,商务人员可能被指派为本单位组织一场商务庆典,也有可能被邀请去参加其他单位的商务庆典。

　　商务庆典中以开业(幕)庆典、周年庆典、乔迁庆典较为常见。

　　(1) 开业(幕)庆典。

　　开业(幕)庆典是指商业企业在成立或正式运营时,为表示庆贺,按一定程序举行的庆祝活动,如企业的开业典礼,重大工程的开工典礼或奠基典礼,重大工程的首次通航、通车典礼等。开业(幕)庆典活动可以迅速打开工作局面,扩大组织知名度,提高关注度。

　　(2) 周年庆典。

　　周年庆典是指为庆祝组织成立某周年而开展的庆祝活动。多种形式的周年庆典活动有助于巩固组织在公众心目中的形象,进一步扩大组织知名度。

　　(3) 乔迁庆典。

　　社会组织常会因规模扩大等原因而搬入新址。在乔迁之际举办声势浩大的庆祝活动,可以将此信息传达给有关公众,以减少搬迁对组织的不利影响,同时也可以借机扩大宣传,达到一举两得的效果。

　　除以上三种外,还有重大成果庆典,即组织因遇到某一具有里程碑性质的事件或取得重大成果时举行的庆贺活动。如新产品开始投放市场,安全生产××天,获得××重大奖项等,以此为契机举办某种形式的庆贺活动,既可以向外界迅速传播喜庆的消息,与公众分享成功的喜悦,同时也可以借此机会感谢公众的支持,从而增进公众对企业的认可。

　　在各种商务庆典中,商务人员应遵守相关礼仪,下面着重介绍开业庆典以及各类庆典中的剪彩仪式。

一、开业庆典

很多企业都非常看重开业庆典,因为成功的开业庆典可以扩大社会影响力,起到良好的宣传作用;同时也符合"好的开头是成功的一半"的说法。为了能够使开业庆典办得成功、喜庆、隆重,商务人员必须了解开业庆典的程序及相关礼仪知识。

(一) 举办开业庆典

要成功举办开业庆典,不仅要把握好举办开业庆典的原则,还要熟悉开业庆典的程序。想要在开业庆典上营造热烈、喜庆、欢快、隆重的气氛,充分的准备工作是必不可少的。

1. 开业庆典的筹备工作

筹备开业庆典活动,需要做好宣传、嘉宾的邀请、场地布置、接待服务、礼品馈赠等几个方面的准备工作。

(1) 宣传。举办开业庆典的目的之一就是要塑造企业良好的公众形象,为了能够吸引社会各界对企业的关注,争取社会公众对企业的认可和赞赏,可以采取多种方式增强开业庆典的宣传效果。例如,可以在开业庆典之前通过媒体对开业庆典进行集中宣传,对开业的时间、地点、经营特色、给顾客的优惠等内容进行重点宣传;也可以在开业庆典的当天,邀请大众传媒界人士到现场进行采访;还可以邀请影视明星到场,吸引公众的注意力。

(2) 嘉宾的邀请。开业庆典活动中嘉宾的身份、数量往往决定了开业庆典的影响力。在力所能及的范围内,要力争多邀请一些嘉宾参加,邀请的嘉宾最好能够兼顾到不同的方面,可以是地方领导、上级主管部门领导、合作单位领导、同行的前辈、社会名流、新闻界人士。嘉宾的邀请名单初步拟出来以后,要由本单位的领导综合考虑并最终做出决定。

确定嘉宾名单后,要提前向嘉宾发出请柬。请柬最好派专人提前送达,一是给嘉宾留出准备的时间,二是可以充分显示对嘉宾的尊重。有时候也可以考虑通过邮局邮寄,这就更加需要考虑寄发时间问题,太早寄出,离开业庆典还有很长时间,嘉宾容易忘记;太晚寄出,嘉宾则有可能已有其他安排或者来不及准备。不论以何种形式邀请嘉宾,到庆典的前一天,最好能够再次与嘉宾取得联系,落实到场嘉宾的名单。

(3) 场地布置。按照惯例,举行开业庆典时宾主一律站立,故一般不布置主席台或座椅。为了显示隆重,营造喜庆、欢快的气氛,在室外的广场或空地上可铺设红色地毯,搭起大型拱门,插上彩旗,悬挂横幅,采用大型升空气球等。此外,还应该在醒目处摆放来宾赠送的花篮、牌匾,提前准备好来宾签到簿、本单位的宣传材料、待客的饮料等。

在开业庆典之前,音响、照明、话筒等设备一定要安装到位,并进行多次调试,如果在开业庆典活动的现场突然出现音响声音含混、话筒无声等情况,会影响开业庆典的热烈气氛,也容易影响在场主人、宾客的心情。此外,根据开业庆典的需要,选择一些喜庆、朝气蓬勃的音乐作为背景也是必不可少的,也可与企业的宣传资料相结合,先行制作相关的视频,在现场循环播放。

(4) 接待服务。在开业庆典的现场,要根据岗位设置服务人员迎接来宾、引导来宾签到、为来宾提供相应的服务等,服务人员要坚守岗位,以主人翁的身份热情接待来宾,使来宾感到备受尊重。对于重要的来宾,一定要由单位的负责人亲自接待,并可专门安排相应的服务人员全程服务;对于一般的来宾,可以由礼仪人员负责接待。不论是负责人亲自接待还是礼仪人员接待,举办方的工作人员一定要尽量多为来宾着想,如安排停车场地、提供休息室、安排饮食等。

(5) 礼品馈赠。开业庆典结束后，举办方可以为来宾奉上礼品，礼品不仅可以传达对来宾的感激之情，也可以起到一定的纪念、宣传等作用。准备礼品时要注意：一是最好准备有一定宣传价值的礼品，可以是本单位生产的产品，也可以在礼品及其外包装上印上本单位的标志、广告用语、产品图案、开业日期等；二是准备的礼品要具有独特价值，与众不同，能够展示本单位的鲜明特色；三是准备的礼品要具有纪念意义，能引起宾主双方对开业庆典美好的回忆。

2. 开业庆典的程序

一般来说，开业庆典分为开场、进行、结束三个阶段。开场阶段的内容主要有奏乐、邀请嘉宾入位、负责人宣布开业庆典开始、宣读重要嘉宾名单等。进行阶段的内容主要有举办方负责人讲话、来宾代表致辞、启动开业标志等。结束阶段的内容主要有现场联欢活动、相应的宣传促销活动、宴请活动等。

(1) 开场阶段。举办方要做好迎接工作。接待人员应在大门口迎接来宾，引导来宾签到，对于早到的来宾可引至休息室稍事休息，也可根据时间安排引领来宾到活动现场入位。在开业庆典开始时，举办方负责人宣布开业庆典正式开始，全体起立，奏乐，宣读重要嘉宾的名单。介绍出席庆典的嘉宾，不仅仅是开业庆典的一个程序，同时也是为了让参加活动的所有人员了解嘉宾的身份，展示开业庆典的特别意义。

(2) 进行阶段。举办方负责人讲话，其主要内容是表示对来宾的到来表示感谢，并介绍本单位的经营理念、经营目标以及对今后单位发展前景的展望等。举办方负责人讲话之后，通常安排来宾致辞，可请上级领导和来宾代表致辞，但要事前安排好，以免大家当众推让，导致开业庆典冷场。来宾致辞主要表达对开业单位的祝贺，并寄予厚望。

举办方负责人和来宾致辞之后，启动某项开业标志。如揭幕，即由本单位负责人和一位上级领导或来宾代表揭去盖在牌匾上的红布，参加庆典的人员鼓掌祝贺，有时也可根据具体情况燃放礼炮。揭幕完成后，可设置主客互动环节。如邀请记者或嘉宾提问，由主办方负责人回答，这样可以起到进一步宣传的作用；也可以举行有奖销售、派送纪念品等活动，拉近与消费者的距离，搞好与消费者的关系。

(3) 结束阶段。开业庆典结束后，可以邀请嘉宾参观本单位，介绍本单位的主要设施、特色商品及经营策略；举办座谈活动，虚心地听取他人的意见，增进沟通；举办宴请活动等。在所有后期活动结束之后，举办方要做好嘉宾的欢送工作，千万不要"虎头蛇尾"，嘉宾来的时候客客气气，走的时候"无人问津"，这样容易让嘉宾感到被举办方利用，一利用完，就不再有"价值"了。

(二) 参加开业庆典

1. 准时出席

应邀参加开业庆典的嘉宾要准时参加开业庆典，如果确实遇到有特殊的情况，要提早告知举办方，免得举办方措手不及。参加开业庆典时，宁可早到一段时间，也不要拖拖拉拉，以免举办方无法按时开始庆典活动。

2. 准备礼物

应邀参加开业庆典时，可以准备一些祝贺性质的礼品，如花篮、镜匾等，在上面写明庆贺的对象、庆贺的缘由、贺词以及祝贺单位名称或个人姓名。

3. 精心打扮

开业庆典是比较正式和隆重的场合，嘉宾的形象不仅仅代表其个人，而且也会影响其他参加庆典活动的人员对举办方的看法。试想，一家公司的开业庆典上，邀请的嘉宾个个都是蓬头垢面、衣冠不整，这会让到场的其他人员做何感想呢？作为嘉宾，男士要理好头发、剃干净胡须、穿着得体的西装并打好领带；女士要适当化妆，可选择得体、喜庆的套裙。

4. 举止自律

应邀参加开业庆典时，要考虑到举办方的需要，尽量积极地配合举办方的工作。可以与参加开业庆典的其他来宾礼貌地打招呼、自我介绍、互换名片；不要嬉笑打闹、东张西望，也不要一言不发、神情沮丧、心不在焉。

如果应举办方邀请在庆典上致辞，要提早做好准备，临时上去随便乱说乱讲、东拉西扯、离题万里都是对举办方的不尊重。致辞要体现出对开业庆典的祝贺，对举办方的未来充满希望，不要涉及消极悲观的因素，影响在场人员的心情；另外，致辞一定要简短，不可像是在做报告。

在开业庆典进行的过程中，为了配合举办方的工作，礼节性的附和是必要的。需要鼓掌的时候，不要吝惜自己的掌声；举办方邀请嘉宾参观时，应当随行，不可以"参观过了"或"比较累"等理由表示拒绝；举办方安排留影活动时，要积极地参与合影。有时候，开业庆典活动中会出现一些意外情况，嘉宾应当协助举办方处理好这些意外情况，千万不要不理不问、袖手旁观，更不可有"落井下石""喝倒彩"等行为。

5. 告辞有礼

开业典礼结束后，嘉宾应向举办方相关人员告别，同时对举办方的招待表示感谢，不要悄悄地离开，这种做法间接传递的是生气的信息。不要在活动还没有结束的时候，特别是在活动进行到高潮的时候，大呼大叫地向举办方告别，这容易影响其他嘉宾的情绪；如果确实有事，则可以在活动开始前跟举办方相关人员说一声，然后择时离开现场；也可以在活动进行中，找个恰当的机会向举办方相关人员提请告辞。

二、剪彩仪式

在各类商业庆典活动中，经常会举办剪彩仪式。剪彩仪式长盛不衰，至今仍然被商务人员所青睐，主要是基于如下三个方面的原因。第一，剪彩活动热热闹闹，轰轰烈烈，既能给举办方带来喜悦感，又能令人产生吉祥如意之感。第二，剪彩不仅是对举办方既往成绩的肯定和庆贺，而且也可以对其进行鞭策与激励，促使其再接再厉，继续进取。第三，举办方可借剪彩仪式，向社会各界进行大力宣传。为了更好地在各类商业庆典活动中发挥剪彩仪式的作用，相应的准备工作和礼仪知识也是不可忽略的。

（一）剪彩仪式的准备工作

1. 场地的布置

剪彩仪式一定要选择在宽敞明亮的地方进行，若是过于狭小，很难营造剪彩仪式热烈、隆重的气氛。为了突出喜庆的气氛，剪彩仪式的场地一定要铺上红色地毯，条件允许的话，可以将范围铺得大一些，若是条件有限，至少要在剪彩者正式剪彩时的站立处铺设红地毯，宽度宜在一米以上，长度根据剪彩人数的多少以及缎带的长短来定。

剪彩仪式举行的场地应布置有彩旗、拱门、条幅、气球、花篮等，以彰显喜庆、热烈、隆重的气氛；还可根据具体的情况制作一些宣传广告册、宣传单，以吸引更多人的关注。剪彩仪式使用的背景一定要精美，做到与剪彩仪式的现场环境的布置融为一体、互相呼应。

2. 物品的准备

（1）红色缎带。剪彩仪式中一般都要用红色的缎带，缎带中间的花团要硕大、生动、花团的数量一般比剪彩的人数多一个,剪彩人站在两朵花团之间;有时也可以是花团的数量比剪彩的人数少一个。

有很多企业在剪彩仪式中以红色布条、红线绳、红纸条等代替红色缎带,这体现出节俭环保的思想,这些用来代替红色缎带的物品仍然是红色的,以示喜庆。不要以旧的、破的、脏的缎带来作剪彩之用,那样容易给人将就的感觉。

（2）剪刀。剪彩仪式前要准备好锋利的新剪刀,剪刀的数量要根据剪彩人的数量来定,剪彩人每人持一把剪刀。在剪彩前应试好剪刀的锋利度,不要使用比较钝的剪刀,因为剪彩的时候,一剪刀下去要能够顺利地剪断缎带。如果在剪彩的现场,剪彩人剪了半天还没有剪断缎带,最后只好连扯带撕地将缎带弄断,这会让人觉得很扫兴。

（3）托盘。托盘在剪彩仪式上是托在礼仪小姐手中的,用来盛放红色缎带、剪刀、白色薄手套。托盘最好是崭新、洁净的,在正式使用时,可以在托盘上面铺上红色的布,显得正式而喜庆。

（4）白色薄手套。剪彩时,最好为每位剪彩人准备一副白色薄手套,这样比不戴手套直接剪彩会显得更郑重其事。白色薄手套要大小适度、崭新平整、洁白无瑕,不可用脏的、旧的、过大或过小的手套来应付充数,也不要用其他颜色的手套。

（5）其他。除了上述应准备的物品之外,工作人员还应在剪彩仪式前准备好胸花、剪彩仪式背景音乐、话筒、音响等。

剪彩前的准备工作只有做到一丝不苟,才能确保剪彩仪式的顺利进行。

3. 人员的选定

（1）剪彩人。根据惯例,剪彩人可以是一个人,也可以是几个人,但不要太多,最多不要超过五个人。剪彩人可以是上级领导、合作伙伴、社会名流等,有些单位让员工或客户代表来剪彩,这不仅向员工和客户代表传递了尊重的信息,同时也会增强员工的主人翁精神和责任意识,增进与客户的关系。剪彩人名单确定后,应尽早告知对方,并尊重对方的意见,不要强人所难。如果由几个人同时剪彩,应告知每位剪彩人届时他将与何人同担剪彩大任,这样做是对剪彩人的尊重。

如果只有一个剪彩人,则剪彩人应居中而立;如果有几个剪彩人,他们同时上场剪彩时,则应按事先排好的顺序站立。剪彩仪式中排列位次的规则是:中间高于两边,离中间越远位次越低,与中间距离相等时则以右为尊。所以,如果是多人剪彩,在仪式正式开始前,应将具体的事项向剪彩人说明,必要时可以适当简短地演练一下。

（2）助剪人员。助剪人员是在剪彩过程中为剪彩人提供一系列帮助的人员,大多由举办方的礼仪小姐来担任。助剪人员分为迎宾人员、引导人员、拉彩人员、捧花人员、托盘人员。迎宾人员负责在活动现场迎来送往。引导人员负责引导剪彩人登台和退场,在引导时要注意走在剪彩人的左前方,保持大约一米左右的距离,不要太近,也不要太远。拉彩人员负责在剪彩时展开、拉直红色缎带。捧花人员负责在剪彩时手托花团。托盘人员负责为剪彩人提供剪刀、手套等剪彩用品。

在一般情况下,迎宾人员应不止一人。引导人员可以只设置一个人,也可以为每位剪彩人各配一人。拉彩人员通常为两人。捧花人员的人数则需要视花团的具体数目而定,一般应为一花一人。托盘人员可以只设置一个人,亦可以为每位剪彩人各配一人。有时,礼仪小姐亦可身兼数职。

（3）礼仪小姐。礼仪小姐的基本条件是相貌姣好、身材颀长、年轻健康、气质高雅、音色甜美、反应敏捷、机智灵活、善于交际。礼仪小姐的最佳装束为：化淡妆、盘起头发，穿款式、面料、色彩统一的单色旗袍，佩礼仪小姐绶带，配肉色连裤丝袜、黑色高跟皮鞋。除戒指、耳环或耳钉外，不佩戴其他任何首饰。有时，礼仪小姐也可以身穿深色或单色的套裙，但她们的穿着打扮必须尽可能地整齐划一。

（4）其他工作人员。在剪彩仪式中，除了礼仪小姐之外，还需要配备其他工作人员，这些工作人员同样非常重要，也应接受相应的培训。总之，剪彩仪式需要全体工作人员的共同努力。

（二）剪彩仪式的程序

剪彩仪式的持续时间要适当，太短容易让人感到"意犹未尽"，太长又容易让人感觉到疲惫。通常，剪彩仪式不要少于15分钟，不要超过一个小时，整个过程要安排得紧凑而不拖沓。剪彩仪式的程序一般包括以下几个环节。

1. 请来宾就位

在剪彩仪式上，一般会为剪彩人、来宾和本单位的负责人安排座席。为了出入方便，也为了表示对剪彩人的尊重，应请剪彩人在前排就座，多人剪彩时可按具体上台剪彩的位次安排座次。

2. 剪彩仪式开始

主持人宣布剪彩仪式正式开始，乐队演奏音乐（亦可播放音乐），全体到场人员热烈鼓掌。主持人向全体人员介绍出席剪彩仪式的重要来宾。

3. 发言

首先请举办方的负责人发言，其发言应体现出对来宾的感激之情，同时也可简短介绍本单位的发展情况，感谢社会各界的支持和帮助。然后可以请上级主管部门的代表、地方政府代表、合作单位的代表等发言，这些发言应以祝贺为主。无论是举办方发言，还是来宾发言，均要言简意赅，每人最好不要超过三分钟。

4. 剪彩

主持人介绍剪彩人的身份，剪彩人上台剪彩，全体人员热烈鼓掌。

5. 参观或助兴节目

剪彩之后，举办方可安排来宾参观，也可以安排一些助兴的节目。剪彩仪式到此结束。

（三）注意事项

1. 剪彩人的注意事项

剪彩人一定要重视剪彩仪式，要保持良好的个人形象。当主持人宣布剪彩时，剪彩人应在礼仪小姐的引导下迅速登台，不可拖拖拉拉、东张西望。根据事先演练或要求的做法抵达自己应站的位置。如果是多人剪彩，主剪人应行进在前，剪彩人应按事先安排的顺序站立，保持好与其他剪彩人之间的距离，最好是站在同一横行上。当主持人介绍剪彩人身份时，剪彩人应当向大家欠身或点头致意，不可面无表情或神情恍惚。当礼仪小姐递上剪刀等剪彩物品时，剪彩人应当致谢。

准备剪彩时，剪彩人应向拉彩人员、捧花人员示意并相互协调，待对方有所准备后，集中精力，表情严肃而庄重地将绶带一刀剪断。多名剪彩人同时剪彩时，应注意与主剪人的动作尽量保持一致，最好是大家同时将绶带剪断。

剪彩完成后，剪彩人应面向全体人员致意，与举办方负责人握手并道贺，在引导人员的引领下按顺序退场。

2. 助剪人员的注意事项

当主持人宣布剪彩时,助剪人员应立即登台,可以从两侧登台,也可以从右侧登台。登台后,拉彩人员与捧花人员应当站成一行,拉彩人员处于两端拉直红色缎带,捧花人员各自双手捧一朵花团。托盘人员应站在拉彩人员与捧花人员身后一米左右,且自成一行。引导人员引领剪彩人上台,身体要侧向剪彩人,不可只顾自己一个人往前冲。

当剪彩人准备剪彩时,托盘人员向前行至剪彩人的右后侧,将剪彩物品递上。助剪人员要注意与剪彩人互相协调好,千万不要各行其是。剪彩后,应力求花团准确无误地落入托盘,不要掉在地上。

课堂实训

一、技能题

请根据以下DY公司开业庆典当天的时间安排表,结合熟悉的行业企业背景为该行业的新企业设计一份开业庆典当天的时间安排表。

DY公司开业庆典当日时间安排

时　　间	工作安排
7:30AM	仪式现场所需设备全部到位
8:10AM	做最后的现场工作检查;调试音响;礼仪小姐、摄影师及现场所有工作人员到位;工程部电工确保电源稳定
8:20AM	音响调试完毕
8:40AM	现场音乐响起,聚揽人气
8:50AM	礼仪小姐、现场接待工作人员到岗,准备迎接领导和嘉宾的到来;礼仪小姐为来宾佩戴胸花,进行签到服务;引领来宾至大厅入座
9:18AM	公司领导、主持人及来宾齐聚典礼现场;领导、来宾致辞;礼仪小姐将剪彩用品备妥;主持人宣布开业;剪彩瞬间礼炮齐响;掌声中"招财进宝"表演开始
9:50AM	礼仪小姐引领来宾进行现场观摩,全程细致讲解,公司领导随行;现场工作人员进行简单的现场清理(撤离话筒等)并继续播放音乐,吸引周边人群
10:10AM	自助餐厅备好答谢酒宴,由礼仪小姐引领来宾就座
10:20AM	答谢酒会开始,由公司领导致辞以表示感谢;礼仪小姐向公司员工赠送礼品
10:30AM	来宾就餐
11:00AM	户外音乐停止,庆典工作人员进行现场清理(横幅、拱门、花篮保留);工程部协助音响撤离;保安人员保障嘉宾有序平安离场;礼仪小姐撤回大厅等候,恭送嘉宾离场
11:40AM	总监检查现场无异常状况,全体撤离,并交还现场工作证及对讲机,各归各岗

二、案例题

张先生应DF公司的邀请作为嘉宾去参加DF公司驻广州分公司的开业庆典活动。当他来到活动的现场,已经有不少人聚集在这里了,他正想找人打听活动的嘉宾席在哪儿,突然一个保安问张先生:"你是哪来的?有什么事?"张先生对保安说:"我是今天应邀前来参加开业庆典的,不知道嘉宾席在哪。"这位保安听后说:"噢,那你去找穿红色旗袍的礼仪人员吧,我是负责维持现场秩序的,她们是负责迎宾的。"张先生只好在活动的现场搜寻穿红色旗袍的礼仪小姐,好不容易看到了一位,他正准备开口询问,对方先问话了:"您是市工商局的刘局长吗?"张先生说:"我不是,你们不是负责接待工作的吗?"这位礼仪小姐说:"不好意思,我今天是专门负责接待刘局长的,不知道您是由谁负责接待的。"

请就以上案例分析 DF 公司工作人员的做法有哪些不妥之处。

任务二 商务谈判礼仪

案例导入

某公司的谈判小组赴中东某国进行一项工程承包谈判。在闲聊中,中方负责商务条款的成员无意中评论了伊斯兰教,引起对方成员的不悦。当谈及实质性问题时,对方的谈判人员丝毫不让步,并一再流露撤出谈判的意图。

商务谈判前应充分了解对方的习俗及宗教信仰等,避免类似情况的发生。商务谈判过程中应当注意的礼仪还有哪些呢?

任务目标

1. 掌握商务谈判中主方礼仪。
2. 掌握商务谈判中客方礼仪。

相关知识

商务谈判礼仪包含很多方面的内容,端庄的仪表仪容,礼貌的言谈举止,彬彬有礼的态度,对文化差异的理解与尊重,这些都是谈判顺利进行的重要保障。商务谈判礼仪掌握得如何,在很大程度上直接影响商务谈判的成败。

一、商务谈判准备阶段

根据谈判场地的不同,商务谈判可以分为主场谈判、客场谈判。主场谈判、客场谈判在礼仪上习惯称为主座谈判和客座谈判。主座谈判中,主方通常需做一系列的准备和接待工作。客方也应做相应的准备工作。

(一)主方的准备工作

作为东道主,主方需要安排谈判的各项事宜,在接待工作、迎送工作、谈判室的选择与布置、谈判座次的安排等方面精心周密地准备,尽量做到主随客便,主应客求,以获得客方的理解、信赖和尊重。

1. 接待工作

接待工作做得如何,不但体现了接待人员的个人素养,更反映出一个组织的工作作风和公众形象,直接影响商务谈判的进展。因此,主方一定要在接待工作上做到有礼、有序。

(1)成立接待小组。接待小组由后勤保障(食宿)、交通、通信、医疗等各环节的负责人员组成,涉外谈判中还应配备翻译人员。

（2）了解客方的基本情况,收集有关信息。主方可以向客方索要谈判代表团成员的名单,了解其姓名、性别、职务、级别、民族等,以此作为确定接待规格和食宿安排的依据;了解客方谈判的目标、食宿标准以及在参观访问、观光游览等方面的愿望;掌握客方抵离的具体时间、地点、交通方式,以安排迎送的车辆和人员及预订、预购返程车船票或飞机票。

（3）拟订接待方案。主方根据客方的意图和自己的实际拟订接待方案,做出日程安排。日程安排除安排谈判日程外,还要将其他活动内容及具体时间也一一拟出,如迎送、会见、宴请、游览观光、娱乐等,有些活动最好能穿插在谈判期间,以利于谈判人员调整心态和调节气氛。日程安排上还要注意时间紧凑,上一项活动与下一项活动之间既不能冲突,又不能间隔时间太长。

日程安排表拟订后,可向客方征询意见,待客方无异议即可确定。如果是涉外谈判,则要将日程安排表翻译成客方文字,以便于双方沟通。日程安排表可在客方抵达后交由客方副领队分发,亦可将其放在客方成员住房的书桌上。

根据接待方案,主方应具体安排落实客方的食、宿、行等方面的事项,最好每个项目指定专人负责。

主方可以根据实际情况举行接风、庆祝签约的宴会或招待会、送行等活动;客方谈判代表在谈判期间的费用通常都由其自理。当然如主方主动邀请并事先说明承担费用,则是例外。

在重大项目谈判中,如有必要,还应做好客方谈判代表团的安全保卫和文件资料保密的准备工作,以及安排好新闻报道工作。

除了上述这些准备工作之外,主方还应当根据实际情况做好饮料(茶水、咖啡)、礼品、纪念品等的准备工作。

2．迎送工作

根据商界对等接待的原则,主方应确定与客方谈判代表团的身份及职位对等、人数相等的接待陪同人员,并通知相应工作人员准时迎送。主方工作人员应准确掌握客方的抵离时间,所有迎送人员都应先于客方到达指定地点(通常为机场、车站、码头、宾馆、公司门口等)迎候。如客方是远道而来的,主方应主动到机场、车站、码头迎接,一般要在航班、火车、轮船到达前15分钟赶到,接站时为方便双方确认,最好举个牌子,牌子上可以写上"××公司欢迎您"的字样。

如果客方谈判代表团中有身份特殊或尊贵的领导,主方还可以安排献花。献花时,应当考虑到客方的习俗,避开客方禁忌的花类、数字、颜色。献花须用鲜花,通常由年轻女职员在参加迎接的主要领导与客方主要领导握手后,将鲜花献上。

客方人数较多时,主方迎接人员可以按身份职位的高低顺序列队迎接,并由主方领导先将前来迎接的人员介绍给客方人员,再由客方领导介绍其随行人员,双方人员互相握手致意,问候寒暄。

客方抵达后由机场(车站、码头)前往下榻宾馆,离开时由宾馆前往机场(车站、码头),这个过程中主方应有迎送人员陪同乘车,关照好客方人员和行李的安全。如果主方主要领导陪同乘车,应该请客方主要领导坐在其右侧。车内的座席一般是面向车前方,最右边为上席,上车时,最好请客人从右侧门上车,主人从左侧门上车,避免从客人座前穿过。如遇客人先上车,坐到了主人的位置上,则不必请客人挪动位置。如果人数较多,需要乘坐大、中型客车,客人可随意就座。

3. 谈判室的选择与布置

主方可选择公司(或租用商厦)的洽谈室、会议室作为谈判室;小规模谈判还可在会客室进行;有条件的话最好安排两三个房间,除一间作为主要谈判室外,另一间作为任何一方单独进行内部协商的密谈室,可能的话再配一个休息室。谈判室布置以高雅、安静、和谐为宜,没有外人和电话干扰,光线充足,室温适宜,装饰陈设简洁、实用、美观。

4. 谈判室座次的安排

谈判室的座次安排应符合礼仪规范,体现对客方的尊重。座次的安排是个敏感问题,应小心谨慎处理。

(1) 长方形或椭圆形。双边谈判一般采用长方形或椭圆形谈判桌。通常主、客各坐一边,若谈判桌横放(如图6-1所示),则正面对门为上,应属于客方;背面对门为下,属于主方。若谈判桌竖放(如图6-2所示),则应以进门方向为准,右侧为上,属于客方;左侧为下,属于主方。

双方主谈人(首席代表)各在己方一边的中间就座,翻译人员安排在主谈人右侧,其余人员则遵循右高左低的原则,依照职位高低自近而远地分别在主谈人两侧就座。具体操作时,可用放名签牌的方式(涉外时用双语)标明座位,这样更加简单、方便。

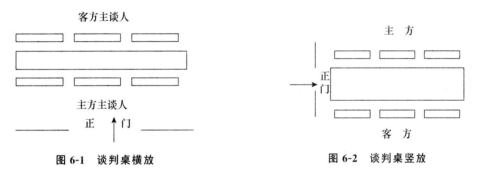

图 6-1　谈判桌横放　　　　图 6-2　谈判桌竖放

(2) 圆形。多边谈判一般采用圆形谈判桌(如图6-3所示)。采用圆桌时,谈判各方围桌交叉而坐,尊卑界线被淡化了,使气氛和谐、融洽,容易达成共识。

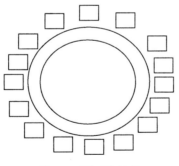

图 6-3　圆形谈判桌

(3) 马蹄形。小型的谈判,也可不设谈判桌,直接在会客室沙发上进行,双方主谈人在中间长沙发就座,主左客右,翻译人员在主谈人后面,双方其余人员分坐两边(如图6-4所示),呈马蹄形,这样双方交谈起来气氛比较友好。但较正式的商务谈判不宜采用这种方式。

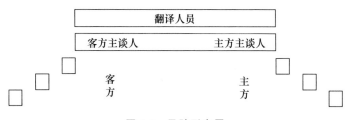

图6-4 马蹄形布置

（二）客方的准备工作

对于客方来说，因为谈判是在主方所在地进行的，谈判程序、日程安排等均由主方确定，因此客方在各方面受限制较大，再加上对异地他乡的文化背景、社会风俗等情况不熟悉，心理情绪上也需调整适应。客方应"入乡随俗、客随主便"，主动配合主方接待，对一些非原则性问题尽量采取宽容的态度，以保证谈判的顺利进行。

客方应明确告诉主方自己代表团的成员人数、成员组成、抵离的具体时间、航班或车次、食宿标准等，以方便主方接待安排。如有人员变动、时间更改等，应及时知会主方。谈判期间，对主方安排的各项活动，客方应准时参加，通常应按约定时间提前五分钟到达约定地点。除谈判的日程外，客方也可自行安排食宿、交通、访问、游览等活动。对主方的接待，客方可在适当的时间以适当的方式表示感谢。

（三）主客双方的仪容、服饰

参加商务谈判时，主方和客方除了各自要做准备工作以外，还要遵守礼仪规范，讲究仪容的整洁、服饰的规范。

1. 整洁的仪容

参加商务谈判的男性应做到：

（1）发型与个人的脸形、体形、年龄相协调，做到简单大方，长短适当，干净整齐，不留新潮、怪异的发型，不蓬头乱发；

（2）面部保持干净清爽，养成剃须的习惯，一般不留胡子，也不留大鬓角；

（3）及时修剪指甲，保持手部的干净整齐；

（4）谈判前不要进食大蒜、葱、韭菜、洋葱、腐乳等气味浓重的食物，保持牙齿清洁。

参加商务谈判的女性应做到：

（1）发型应端庄大方，短发修剪得体，过肩的长发应该用发卡、发箍加以固定，或盘成发髻。选用的发卡、发箍不宜过于花哨，以朴实素雅为佳；过于时髦、怪异的发型和颜色怪异的染发都不适合；

（2）脸部应化淡雅的日妆，保持妆容的和谐清爽；

（3）可适当使用清新的淡香水，香气不可过于浓烈；

（4）手部保持干净整齐，可以涂透明或浅色（浅红、浅紫等）的指甲油，不宜涂抹深色的指甲油。

2. 规范的服饰

商务谈判人员大多阅历丰富，观察力强，他们往往可以通过对方的衣着判断出对方的性格，所以参加商务谈判时不宜穿个性化的服装。总之，参加商务谈判的人员应穿得庄重、高雅。

参加商务谈判的男性应着正式西装,打领带,穿深色袜子和黑色系带式皮鞋。除结婚戒指外,一般不戴其他首饰,最好能戴上一只体现品位的手表,既能掌握时间,又可作为装饰品。

出席商务谈判的女性应着端庄、典雅的套裙,配上肉色的长筒丝袜或连裤丝袜和黑色的高(中)跟鞋。与服饰搭配,可适当点缀一两件首饰或胸针(花)、丝巾等。参加商务谈判的女性切忌穿太紧、太透、太花、太露、太短的休闲装或牛仔装、运动装,也不宜佩戴太多的首饰。

二、商务谈判进行阶段

(一) 入场

主方人员应准确掌握谈判日程安排的时间,先于客方到达谈判地点,当客方人员到达时,主方人员可在大楼门口迎候,也可指定专人在大楼门口接引客方人员,主方人员只在谈判室门口迎候。

客方人员先行进入谈判室或主客双方同时进入谈判室,在既定的位置入座,主方人员待客方人员落座后再坐下。双方主谈人介绍各自成员,互相握手、问候、致意。谈判正式开始时,非谈判人员应全部离开谈判室。在谈判进行中,双方要关闭所有的通信工具(或调到静音),闲杂人员不要随便进出。主方工作人员如要续茶水,最好在谈判中间休息时进行。

重要的谈判,在正式开始前通常需举行简单的仪式,双方做简短致辞,互赠纪念品,安排合影后再入座。合影位置的排列:通常主方主谈人居中,其右侧是客方主谈人,客方其余代表依次排列,主方其余代表一般站在两端。

(二) 握手

握手是目前世界通行的见面礼之一。虽然握手的过程只有几秒,却很清晰地传递出商务人员是否理解商务礼仪背后的含义,即相互尊重。握手时应把握好握手的时间、力度,动作要领。在商务场合,在做到互相尊重的同时,商务人员还要体现出个人的自信和蓬勃的朝气。关于握手的顺序:己方职位最高的人同谈判对方先握;握手时,应同对方职位最高的人员先握。

(三) 言谈

谈判人员的言谈要以尊重对方为前提,这样才能赢得对方感情上的接近,从而获得对方的尊重和信任。因此,在谈判前,应当调查研究对方的心理状态,考虑选择令对方容易接受的方法和态度。

谈判人员说话时应表达准确,口齿清晰,言辞有礼,要多用敬语和谦语,尽量采用委婉的表达方式。如介绍他人或自我介绍时,应将姓名、单位、职务说清楚,说话速度不宜太快,涉外谈判时,更应照顾到翻译人员的方便。

商务谈判虽说是双方讨价还价的过程,但说话的态度要友好、和善,面带微笑,这样有助于消除对方的反感、抵触情绪,赢得他们的尊重和好感,从而促进问题的解决;相反,态度粗暴,言词粗鲁,会伤害对方,给谈判带来阻力和障碍。

商务谈判中,要善于倾听对方的意见,准确把握对方的意图,以利于做出适当的反应,切忌中途打断对方的陈述。说和听是相互的、平等的,双方发言时都要掌握各自所占用的时间,不能出现"一方独霸"的局面。

在谈判过程中,当对方的观点出现与己方观点类似或基本一致的情况时,应当迅速抓住时机及时肯定对方。双方这种往返的双向认同与赞美有利于双方谈判人员保持感情融洽,并为最终达成一致奠定良好的基础。

如果是涉外商务谈判,还要考虑对方国家的风俗习惯,要注意避开对方的禁忌,要尊重对方思考问题的方式,这些都要事先有所准备。只有充分地认识到不同文化背景的差异性,在谈判时才能够做到游刃有余。

(四) 表情

在商务谈判场合,商务人员要努力使个人的表情表现得热情、友好、轻松、自然。从注视的部位上来说,注视对方的部位不同,不仅说明自己的态度不同,也说明双方关系有所不同。注视对方的双眼,表示自己聚精会神、重视对方,但注视的时间不宜过久;注视对方的额头,表示严肃认真、公事公办;注视对方的眼部到唇部这一区间,是社交场合注视交往对象的常规区域。

真诚的笑容能够有效缩短双方的心理距离,可为进一步深入沟通与交往创造良好的条件。商务人员应当努力训练,让自己的笑容做到自然、热情、真诚、友善;冷笑、怪笑、窃笑等是谈判场上的禁忌。当然,谈判本来是一件很严肃的事情,但也不需要从头到尾板着脸,这很容易让谈判陷入僵局。有时候可以用笑容来缓和谈判的紧张气氛,调节自己的心情。

(五) 举止

谈判过程中的个人举止也是很重要的细节。谈判人员坐在谈判桌前的时间较多,所以应该注意:入座轻柔和缓,从容稳重,避免使座椅发出大的声响,表现从容、稳重。主方人员应请客方人员先入座,这既是对对方的尊重,同时也能够在礼仪上赢得对方的好感。在谈判过程中,不要双腿向前伸出过远,影响谈判桌对面的谈判人员,这容易让对方感到自己受到了"侵略",在谈判时就会据理力争。另外,双腿抖动不止,频繁变换坐姿,双手抱在胸前或脑后,双手夹在大腿之间,玩弄手指或摆弄东西,目光他顾,哈欠连连……这些举止都不应当在谈判时出现。

三、商务谈判签约阶段

谈判双方经过始谈、摸底、僵持、让步等阶段,最终进入促成阶段,也就是签约阶段。签约,即合同的签署。双方(多方)经过充分的洽谈磋商,就谈判项目达成书面协议,为使有关各方重视合同,遵守合同,在合同签署时,应举行签约仪式。

(一) 签约仪式的准备

1. 签字人及参加人员的确定

签字人通常由谈判各方商议确定,但各方签字人的身份应大体对等,所以有时主谈人不一定就是签字人。参加签约仪式的人员一般都是各方参加谈判的人员,一方如要增加其他人员,应征得对方同意,但各方参加人数应基本相等。

2. 签约仪式场地的选择

举行签约仪式的场地,要视参加签约仪式的人员规格、人数多少以及协议中的商务内容来确定。一般选择客人所住的宾馆、饭店或东道主的会客厅、洽谈室作为举行签约仪式的场地。

3. 签字厅的布置

布置签字厅的总体原则是要庄重、整洁。一间标准的签字厅,应当在室内铺上地毯,放置必要的签字用的桌椅及文具用品。

签约座次:双边合同的座次一般由主方安排,主方安排座次时应遵守国际礼宾序列,注意以右为尊为上,即将客方主签人安排在签字桌右侧就座,主方主签人在签字桌左侧就座,各自的助签人在主签人外侧助签,其余参加人员在各自主签人的身后列队站立。站立时各方人员按职位高低由中间向边上依次排列。多边合同的座次安排:只设一张签字椅时,各方按事先商定的先后顺序,主签人及其助签人依次上前签字。

桌椅陈设:将长方形签字桌(或会议桌)横放在签字厅内,桌面最好铺设深绿色台布。座椅应根据签字方的情况来摆放:签署双边合同时,应在正面对门的一边摆两张座椅;签署多边合同时,则可在中间放一张座椅,供各方签字人签字时轮流就座,或者为每位签字人各配备一张座椅。签字人签字时必须正面对门就座,如图6-5所示。

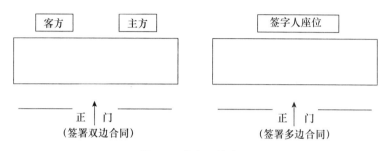

图6-5 签字厅的布置

文具用品:签字桌上应放置好待签合同文本、签字笔、吸墨器等;如果待签合同是涉外合同,还应在有关各方签字人座位的正前方插放其国家的国旗;如果待签合同是国内企业之间的合同,可在签字桌的两端摆上写有企业名称的席位牌。

4. 待签合同文本的准备

待签合同的正式文本,按商界惯例应该由主方负责准备,但为了避免对合同产生歧义,引起纠纷,主方最好能会同签约各方一起指定专人,共同负责合同的定稿、校对、印刷和装订,以确保合同内容的准确无误。

依照国际惯例,涉外合同应同时使用签约各方的官方文字撰写,或者采用国际通行的英文、法文撰写。

待签合同文本要用A4规格的白纸印刷并装订成册,再配以封面,除供各方正式签字的合同正本外,最好还能各备一份副本。

5. 出席人员服饰的要求

合同签约仪式对于企业来说意义重大,因此出席签约仪式的人员的服饰要整齐规范,符合商务礼仪的要求:签字人、助签人和其他参加人员应穿有礼服性质的深色西服套装、中山装套装,同时配白色衬衣、黑色皮鞋和深色袜子,穿西装还应配单色领带;女性则应穿套裙,配长筒丝袜和黑色皮鞋;服务接待人员和礼仪人员则应穿工作制服或旗袍等。

(二)签约仪式的程序

1. 签约仪式开始

各方人员进入签字厅,按既定的座次各就各位。双边合同的双方签字人同时入座;各方陪同人员分主、客两方排列,站立于己方签字人之后,或坐在己方签字人的对面;双方助签人分别站在己方签字人的外侧,协助翻揭文本,指明签字处。

2. 正式签署

各方主签人再次确认合同内容,若无异议,则在规定的位置上签名,之后由各自助签人相互交换合同文本,再在第二份合同上签名。助签人为已签字的文件吸墨防渍。按照惯例,各方主签人先签的是己方保存的合同文本,交换后再签的是对方保存的合同文本。

3. 交换文本

各方主签人起身离座至桌子中间,正式交换各自签好的合同文本,同时握手(拥抱),互致祝贺,还可以交换刚刚用过的签字笔作为纪念。其他成员则鼓掌祝贺。

4. 饮香槟酒庆祝

交换合同文本后,全体成员可合影留念。服务接待人员及时送上倒好的香槟酒,各方主签人和其他成员举杯庆祝,将喜庆气氛推向高潮。

5. 退场

签约仪式结束,双方可共同接受媒体的采访。结束后首先请双方最高领导退场,然后请客方退场,主方最后退场。整个仪式以半个小时为宜。

签约仪式后,主方可设宴或酒会招待所有参加谈判和签约的人员,以示庆祝。

课堂实训

一、技能题

1. 简述谈判的座次安排方式及其特点,试着模拟一个商务谈判的情境并排定座次。

2. 根据所学专业知识,由6～8位同学组成一个小组,设计一个商务谈判的情境,并将其模拟演示出来。

二、案例题

1. 某商场休息室里经营咖啡和牛奶,刚开始服务员总是问顾客:"先生,喝咖啡吗?"或"先生,喝牛奶吗?"销售额平平。后来,老板要求服务员换一种问法:"先生,喝咖啡还是牛奶?"结果销售额大增。

请就以上案例,谈谈现实生活中运用谈判技巧的例子。

2. 张先生是市场营销专业本科毕业生,他就职于某大公司销售部,工作积极努力,成绩显著,工作三年就升职为销售部经理。一次,公司要与美国某跨国公司就开发新产品问题进行谈判,公司将接待工作交给张先生负责,张先生为此也做了大量的、细致的准备工作,经过几轮艰苦的谈判,双方终于达成协议。在正式签约的时候,张先生按中国传统的礼宾座次以左为上、右为下布置签约座次。客方代表团一进签字厅就转身拂袖而去,这是什么原因呢?原来,在布置签字厅时,张先生将美国国旗放在了签字桌的左侧。

请简述谈判中的座次安排与会议座次安排的相同及不同之处。

3. 巴西一家公司到美国去采购成套设备。巴西谈判小组成员因为上街购物耽误了时间。当他们到达谈判地点时,比预定时间晚了45分钟。美方代表对此极为不满,花了很长时间来指责巴西代表不遵守时间,没有信用,如果老这样下去的话,以后很多工作都会难合作,浪费时间就是浪费资源、浪费金钱。对此,巴西代表感到理亏,只好不停地向美方代表道歉。谈判开始以后,美方代表似乎还对巴西代表迟到一事耿耿于怀,一时间弄得巴西代表手足无措,处处被动,进而无心与美方代表讨价还价,对美方提出的许多要求也没有静下心来认真考虑,匆匆忙忙就签订了合同。等到合同签订以后,巴西代表平静下来才发现自己吃了大亏。

请谈谈你从这个案例中得到的启发。

项目七
商务聚会礼仪

聚会的形式各种各样,内容丰富。人们在聚会上可以广泛地交流信息,沟通感情,结识朋友,增进友谊。在商务聚会礼仪这一项目中,我们主要学习会议礼仪和舞会礼仪。

任务一　会议礼仪

案例导入

公司要召开新闻发布会,秘书小梁正在紧张地布置会场。一切就绪,嘉宾们也陆续到了。然而一开始就发生了小小的骚乱——嘉宾们都互相谦让着主席台上的位置。这时小梁才发现自己忘记制作和摆放嘉宾们的名签牌了。会后,小梁被总经理狠狠地批评了一顿。

任务目标

1. 掌握会议的会前准备工作的内容。
2. 掌握会议的座次安排。
3. 掌握会议发言人及主持人礼仪。

相关知识

会议是人们为了解决某个共同的问题或出于一定的目的而聚集在一起进行讨论、交流的重要活动,在企业内部与外部工作中具有不可忽视的地位。会议有多种类型,按参会人员来分类,会议可以简单地分为企业外部会议和企业内部会议。企业外部会议一般包括展览会、研讨会、座谈会等。企业内部会议一般包括工作周例会、月例会、年终总结会、表彰会等。

一、会前准备

在会议前,应先制订会议计划,会议计划应包括以下几个方面。

(一)确定会议时间及地点

会议时间是指会议开始的时间以及会议持续时间。开会时间宜紧凑,"马拉松"式的长会,往往使会议流于形式,开短会是会议礼仪中十分重要的一点。另外,应根据会议的类型提前精心选择会议的地点。

(二)明确参会人员

应让与会人员知悉会议有哪些人要来参加,是否需要发言等。

(三)明确会议议题

明确会议议题即明确会议要讨论哪些问题,以便与会人员做好准备工作。

(四)会议座次的安排

传统的会议座次的安排分成以下几类:方桌会议、圆桌会议、环绕式会议、散座式会议和主席式会议。

1. 方桌会议

方桌会议是指会议中使用长方形的桌子(有时也可用椭圆形桌子)。方桌可以体现主次,所以在方桌会议中,要特别注意座次的安排。如果只有一位领导,那么他一般坐在这个长方形的短边的这边,或者是比较靠里的位置。也就是说,以会议室的门为基准点,里侧是主宾的位置。如果是由主客双方来参加的会议,一般分两侧来就座,主人坐在会议桌的右边,而客人坐在会议桌的左边,如图 7-1 所示。

2. 圆桌会议

为了避免主次的安排,可以圆形桌为布局,这时不用拘泥太多的礼节,主要记住以门为基准点,比较靠里的位置是比较主要的座次,如图 7-2 所示。

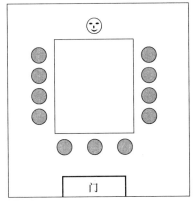

图 7-1　方桌会议

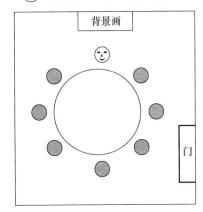

图 7-2　圆桌会议

3. 环绕式会议

环绕式会议即全场中不设立主席台,把座椅、沙发、茶几摆放在会场的四周,不明确座位的主次,与会者入场后自由就座。这种安排座次的方式与茶话会的主题较相符。

4. 散座式会议

散座式会议即会场中座椅、沙发、茶几四处自由地组合,甚至可由与会者根据个人需求而随意安置,以期营造出一种宽松、惬意的氛围。这种安排座次的方式常见于室外举行的茶话会。

5. 主席式会议

在主席式会议中,主持人、主方和客方被安排在一起就座。

座次一旦确定,就要确定标志座次的方法。如在主席台或会议桌上摆放名签牌;在与会人员出席证上注明座次(某排某号);印制座次图表并在与会人员入场之前每人发放一份。

(五) 会场的布置

会场的布置要根据会议的类型来安排。

1. 主席台的布置

设有主席台的会场中,主席台是布置的重点。因为主席台是整个会场的中心,一般应在主席台上方悬挂会标(或横幅),主席台背景处(亦称天幕)可悬挂会徽或红旗以及其他艺术造型等,主席台台前或台下可摆放花卉。

2. 会场背景的布置

会场背景除了主席台背景之外,还包括会场四周和会场的门口,这些地方可悬挂横幅标语、宣传画、广告、彩色气球等,还可摆放鲜花等装饰物。

(六) 其他会务工作

根据会议的类型、目的来确会议上需要的物品,如纸、笔、笔记本、投影仪、咖啡、小点心等;了解与会人员是否需要接送服务。会议举办方应本着有劳有逸的原则,适当组织一些文娱活动或就近组织适当的参观游览活动。妥善安排好与会人员会议期间的食宿问题,遵循方便、丰富、卫生、优雅、安全、热情的原则,即食宿要方便,生活要丰富,饮食要卫生,环境要优雅,人身要安全,接待要热情。

二、与会人员礼仪

(一) 参会礼仪

1. 准时入场,按号入座

与会人员通常应该准时入场,参加比较隆重的会议时,如果能比预定时间提前5分钟到达,更能体现对会议的重视。通常在安排了具体位置的会议中,与会人员应按号入座;如果是参加没有安排具体座位号的会议,则应尽量往前坐,不要坐在大门旁的位置。

2. 仔细聆听,注意举止

在会议进行过程中,与会人员应专心致志,与发言人保持目光接触,仔细听清对方所说的话,不要私下小声说话或交头接耳,不要三心二意、东张西望,这些都会影响听讲的效果,会影响他人,也会影响发言人的心情。聆听的过程更是一个积极思考的过程,要边听边思考,敏锐把握发言人话语里的深层含义,而只有准确地把握了发言人的真实想法后,才能使自己做出正确的判断。开会过程中,与会人员应坐姿端庄,身体挺直,表现出饱满的精神状态,切忌挠头、抖腿等不雅举止。

3. 关闭手机,保持安静

在会场中,最好把手机关机或调到震动状态。如果有特殊情况需要接听电话,则应离开会场,但离开时一定要做到轻手轻脚。

(二) 主持礼仪

会议主持人一般由有一定职位和地位的人来担任,其礼仪表现对会议能否圆满成功有着重要的影响。

1. 注重形象

主持人应衣着整洁、大方庄重、精神饱满,切忌不修边幅、邋里邋遢。

2. 举止得体

主持人应提前进入会场,走上主席台时,应步伐稳健有力、挺胸收腹、眼观前方,切忌东张西望,行走的速度应根据座位到主席台的距离而定。主持人主持时应口齿清楚,思维敏捷。在会议进行中如果见到熟人,不要打招呼,更不要寒暄闲谈,可在会议开始前或会议休息时间打招呼或微笑致意。

3. 把握进度

主持人要严格控制时间进程,有义务提醒会议发言人注意控制时间。主持人应根据会议性质调节会议气氛,或庄重,或幽默,或沉稳,或活泼。

(三) 发言礼仪

1. 发言简明扼要

在会议中发言时应做到:发言的内容应简短有力,条理井然。啰唆而无头绪的发言不仅会让听众失去耐心,甚至会使听众怀疑发言人的综合能力。直接有力的开场白,清晰的观点陈述,必要时加以强调,这样的发言会给听众留下深刻的印象。

2. 发言时的体态

发言人走上主席台时应该步伐稳健有力,行走的速度因会议的性质而定。入席后,如果是站立发言,应双腿并拢,腰背挺直;如果是坐着发言,应身体挺直,双臂前伸,两手轻按于桌沿;如果是书面发言,要时常抬头扫视一下会场,不能只顾低头读稿,旁若无人;发言时可加上身体语言的辅助;发言完毕,应该对听众的倾听表示感谢。

3. 发言时的语调

发言人发言时的语音语调同样很重要。女性一般声线较细,声频偏高,这样的声调显得纤细、敏感、不够持重,所以在整个发言过程中,尽量采用低沉而有节奏的语调,这样的声音更有说服力。如果会场上有人向发言人提问,发言人应礼貌作答,对不能回答的问题,应机智而礼貌地说明理由;对提问人的批评和意见应认真听取,即使提问人的批评是错误的,发言人也不应失态。

如果会议采取较随意的自由发言的形式,则要讲究发言的顺序和秩序,不要争抢发言。发言内容同样应简短,观点明确;如与他人有分歧,应以理服人,态度平和。

课堂实训

一、技能题

某高校将召开××学术研讨会,届时将邀请政府主管部门和行业协会领导参加,请尝试参考以下会议日程为该学术研讨会设计一份研讨会日程表。

"粤商文化传承与创新"学术研讨会暨
广州×××研究会××××年学术年会日程
时间:××××年11月16日(周六)9:00—16:00

时间		内容	主持人	地点	备注
上午	8:30—9:00	报到	周××		
	9:00—10:00	宣布会议开幕,介绍来宾	邓××	广东××职业技术学院学术报告厅	
		广东××职业技术学院领导致欢迎辞			
		广州市社科联领导讲话			
		杨××会长作××××年度学会工作报告			
		领导、嘉宾讲话(杨××、李××)			
		王××教授介绍本次研讨会提交论文情况、宣布论文获奖名单			
		"粤商文化传承与创新"学术研讨会获奖论文颁奖仪式			
	10:00—10:20	合影、茶歇			
	11:20—12:20	博士生导师王××教授做学术报告			
		××科技CEO李××做学术报告			
		主持人总结,宣布下午活动安排			
下午	14:00—14:40	介绍××××年秘书技能大赛情况	向××	广东××职业技术学院教科楼11楼会议室	
	14:40—16:00	省内院校秘书类专业建设与学术研讨			

二、案例题

某公司的王总应邀参加一个研讨会,该研讨会还邀请了很多商界知名人士以及新闻界人士。王总特别安排助理小范和他一起参加。小范早上睡过了头,等他赶到时,会议已经进行了20分钟。他急急忙忙推开了会议室的门,"吱"的一声,他一下子成了会场上的焦点。刚坐下不到5分钟,肃静的会场上又响起了摇篮曲,是谁在播放音乐?原来是小范的手机响了!这下子,小范成了全会场的"明星"……最终的结果是小范失去了他的工作。

请分析上述案例中小范为什么会失去他的工作。

任务二 舞会礼仪

案例导入

小张是一位很帅气的小伙子,很讲究穿着时尚。一次,他买了件大衣,穿上后愈发显得潇洒,再配上一副墨镜,真是帅极了。周末兄弟单位举行商务舞会,小张接到了邀请,他兴致很高,穿着新买的大衣来到了会场。此时不少人正翩翩起舞,小张一个箭步冲到一位在座位上休息的女士面前,邀这位女士共舞。这位女士看了一眼小张,很礼貌地拒绝了小张的邀舞。小张没有气馁,于是他又邀请了第二位、第三位女士,同样遭到了拒绝。小张心里真是凉透了,这是为什么呢?

任务目标

1. 掌握参加舞会的着装要求。
2. 掌握邀舞的礼仪。
3. 掌握拒舞的礼仪。

相关知识

舞会是一种被广泛采用的社交活动形式。商务舞会常常是各企业之间促进了解、增进友谊、加强交流、建立友好协作关系、推进业务开展的一种重要的活动形式。

一、组织舞会

要使舞会举办成功,举办方要精心地做好各项准备工作。

(一)确定时间

舞会一般在周末、节假日或开幕式、闭幕式的晚上举行,便于大家尽情地娱乐,不至于影响工作。

舞会持续时间的长短应考虑各种因素,不要令人过度疲劳,不要影响正常的工作和生活。一般来说,舞会持续的时间大致为2~4小时,且不要超过午夜。

(二)精心布置

1. 舞会场地的选择

舞会场地的选择要考虑人数的多少,大小应适中,过小拥挤不堪,空气不好,难以使人尽兴;过大则显得空空荡荡,气氛不够热烈,出席舞会者的情绪会受影响,较理想的参考标准是舞者人均一平方米左右。场地的地面要清洁、平整、光滑,如果地板过于粗糙,则难以让舞者投入、尽情起舞。场地内的灯光要能营造气氛,光线要柔和。如果是重要的酬宾舞会,则应摆放欢迎牌,以示举办方的热情。在舞池边要为客人准备休息用的椅子,必要时,可准备些茶水、点心、水果。

2. 舞曲的挑选

比较高档的舞会一般应有乐队伴奏,以便营造隆重、热烈的气氛;有时候也可播放舞曲光碟,最好有专人负责舞曲的播放。舞曲的播放音量要适中,过大会影响在舞池边休息、聊天的客人,过小则又难以调动大家跳舞的激情。舞曲要丰富多彩,各种舞曲要穿插播放,每种舞曲的播放时长约为4~5分钟,不要从头到尾都是同一种节奏类型的舞曲,应准备快、中、慢三种不同节奏的舞曲,这样才能做到有快有慢、有张有弛。青年人和中年人居多时可选择一些节奏感强的舞曲,老年人居多时可选择一些舒缓的舞曲,舞曲的选择应尽可能兼顾多数客人的需要。

3. 人员的安排

在商务舞会中,举办方为了使舞会办得成功,往往要挑选一批跳舞比较好的工作人员参加舞会。如果客方以男性居多,举办方挑选的工作人员应以女性居多;如果客方以女性居多,举办方挑选的工作人员应以男性居多。

在较为正式的舞会上,通常需要由一位经验丰富、具有组织才能的人士充当舞会主持人。主持人的主要任务是要控制、调动场内的气氛,使舞会始终保持欢快、热烈的气氛。

(三) 发出邀请

邀请他人参加商务舞会时,一般应发请柬,请柬上要写明舞会的开始时间、举办地点及结束时间,也可以采用电话邀请。

(四) 应急预案及工作人员

为确保舞会顺利进行,举办方还应备有应急预案,以防发生意外;还应有专门迎送宾客、安排座位的工作人员,以及维持舞场秩序的安保人员。

二、参加舞会

(一) 修饰到位

参加舞会是个人树立形象、进行社会交往的重要机会,应当遵守相关礼仪。

1. 仪容

参加舞会时应注意个人卫生,保持干净、整洁,尤其要注意个人的口腔卫生,在参加舞会前不要吃有刺激性气味的食物;外伤患者、感冒患者和有其他传染病患者,应自觉地不参加舞会。

2. 服饰

如果是应邀参加大型正规的舞会,请柬上一般会注明"请着礼服",接到这样的请柬后一定要提前准备好礼服。女士参加任何性质的舞会,在服装和首饰上最好不要喧宾夺主、压过主人;如果是参加普通的舞会,女士着装则要求整洁、大方,同时化淡妆。不论是参加正式的舞会还是普通的舞会,女士都不要穿着职业套装或休闲的T恤、牛仔裤出席。

男士参加正式舞会一般着黑色的燕尾服,穿黑色的漆皮鞋;参加普通舞会时一般可穿西服、浅色的长袖衬衣,打领带。参加舞会时不要戴帽子、墨镜或者穿拖鞋、凉鞋、旅游鞋,也不要穿军装、工作服,披着长大衣或长风衣参加舞会也是不适宜的。

（二）举止规范

1. 初进舞场

普通舞会上，参加者进入舞场后要先坐下来，观察一下全场情况，适应一下气氛，而不要气喘吁吁地急着邀请他人入舞池；没有带舞伴者更应当坐下来，慢慢地寻找合适的邀请对象，最好邀请没有带舞伴的人。

同性不宜共舞。根据国际惯例，两位男士共舞等于宣告他们不愿意邀请在场的任何一位女士，这是对女士的不尊重。两位女士也应尽量不共舞。尤其是在有外宾的情况下或者在国外的舞会上，更要注意这一点。

2. 邀舞有礼

在舞会上，邀请他人与自己共舞一曲是参加者的必做之事。即使是带了舞伴，一般除了和舞伴跳开始曲、结束曲以外，还是要尽量邀请其他人共舞，与自己的舞伴从舞会开始一直跳到舞会结束的做法是不可取的。有些人认为邀舞是男士的专利，女士不宜邀舞，这种观点是不正确的。尤其是对于男性长者，女士通常可以主动邀舞。不论是男士还是女士邀舞，在邀人共舞时，应当注意以下几点。

（1）了解顺序。国外的正式舞会上，一般第一支舞曲由高位开始，即主人夫妇、主宾夫妇首先共舞，第二支舞曲主人、主宾夫妇交换舞伴共舞，接下来，男主人还须依次邀请在礼宾序列上排位第二、第三的男士的女伴各跳一支舞，而那些被男主人依照礼宾序列相邀共舞的女士的男伴，则应同时回请女主人共舞。

对男性来宾而言，除了与自己的舞伴共舞，一般要邀请女主人共舞，以此表达对主人的感谢。对舞会上新认识的朋友以及以前的老朋友，应当尽量邀舞。舞会上，如果都是上下级的关系，不论男女，下级都应当邀请上级跳舞。关系较好的朋友之间，也不要拘泥于男士邀请女士跳舞这一规则。

（2）文明大方。邀请他人共舞时，应当举止文明、大方，表情谦恭，不要紧张做作，更不能言谈举止粗俗。另外，邀请他人共舞时，千万不要勉强对方，不要出言不逊或与其他人争抢舞伴。

（3）讲究技巧。邀舞者可以直接邀请他人共舞，即邀舞者姿态端庄、彬彬有礼地走到被邀者面前，微笑点头，以右手掌心向上，往舞池方向示意，问对方"可以和您跳个舞吗"或"能有幸邀您共舞一曲吗"，对方同意后即可共同步入舞池。如果对方婉言谢绝，也不必介意，此时一句"噢，对不起，打扰了"往往能够显示邀舞者的修养和风度，更容易得到对方的尊重。相反，如果勉强对方，会引起对方的不快。如果被邀者舞伴同在，则应先向其舞伴点头致意，征得其同意后，再向被邀者邀舞，千万不要将对方的舞伴当作透明人，无视其存在。

邀舞者可以通过中间人引荐认识被邀者，再顺势邀舞。

3. 拒舞有方

一般情况下，在舞会上被人邀舞时，通常不宜拒绝，尤其是女士发出邀请，男士不是万不得已，千万不要拒绝。如果必须拒绝他人的邀请，一定要态度温和，措辞得体，切勿伤害对方的自尊心。

（1）态度友好。在拒绝他人邀舞时，态度要友好自然，彬彬有礼。

（2）措辞得体。拒绝他人时，语言不宜僵硬、粗鲁，应使用委婉、暗示的托词，如"已经有人邀我了，对不起""我累了，想单独休息一会儿""这支舞曲不熟悉"……当邀请者听到这类的托词之后，一般能听得出弦外之音。

(3) 注意事项。在委婉地拒绝对方的邀舞之后,要注意前后言行一致。如果一位女士婉拒一位男士的理由为"累了,想休息一会儿",这时另一位男士过来邀舞,这位女士却欣然应允,兴致勃勃地迈入舞池,这是不符合礼仪规范的。

4. 舞池起舞

(1) 迈入舞池。迈入舞池时一般要求女先男后,由女士选择跳舞的具体方位。跳舞的过程中双方眼睛自然平视,不要把头伸到对方的肩上,女士要注意,不要把口红沾到舞伴的衣襟上。此外,跳舞时要避免贴面、贴胸、贴腹。

舞池是最能体现绅士风度的地方,男士应左手轻托舞伴的右掌,右手轻扶舞伴的后腰(略高于腰部),以力量大小变化来领舞,注意右手不要搂得过紧。

(2) 适度交际。商务人员参加舞会不能只图跳舞尽兴,还应在跳舞的过程中适当地进行交际。如果是同老朋友共舞,可谈的内容比较多,选择面也比较广,但不可谈论一些容易引发争论的话题。如果是与刚认识的人跳舞,不能因为彼此陌生而一言不发,可略做交谈,如称赞对方的舞技、表扬乐队的演奏等,也可以进行简短的自我介绍,但不可打探对方的隐私、贬低对方的舞技,也不可伺机向对方提出单独约会的请求。

5. 一曲舞毕

一支舞曲结束,跳舞者应当首先面向乐队立正鼓掌,以示感谢。接着,男士应当将女士送回原位,并对女士表示感谢,然后再行离开。

6. 何时离开

出席舞会,时间上比较自由灵活,可以晚到一会儿,也可以中途退场等。如果要提早离开会场,悄悄地向主人招呼一声即可。

课堂实训

技能题

1. 康先生是一家软件公司的经理,在一个舞会上,他恰好遇到了 A 电脑公司的总裁林女士,决定邀请林女士共舞一曲。于是,康先生向林女士发出了邀请(请设计康先生的邀请词)。不过林女士很累,拒绝了康先生的邀请(请设计林女士的拒绝词)。遭遇挫折的康先生重新回到座位,邻桌的吕小姐认出了他,走过来向康先生发出跳舞邀请。康先生此时应否拒绝吕小姐呢?舞会快结束时,康先生看到林女士还在休息,就再次前去邀舞。康先生的这种行为是否符合舞会礼仪?林女士这次是否可以拒绝呢?

2. 教师播放三步舞曲的视频,学生练习"慢三""中三""快三"等基本步伐。

参 考 文 献

[1] 韦克俭.现代礼仪教程[M].北京:清华大学出版社,2006.
[2] 张百章.公关礼仪[M].大连:东北财经大学出版社,2005.
[3] 胡柳.实用礼仪[M].武汉:华中科技大学出版社,2008.
[4] 陈福义.礼仪实训教程[M].北京:中国旅游出版社,2008.
[5] 朱燕.现代礼仪学概论[M].北京:清华大学出版社,2006.
[6] 崔志锋.礼仪[M].北京:科学出版社,2008.
[7] 何浩然.实用礼仪[M].合肥:合肥工业大学出版社,2004.
[8] 王守福.秘书礼仪[M].北京:高等教育出版社,2003.
[9] 杨丽敏.现代职业礼仪[M].北京:高等教育出版社,2007.
[10] 金正昆.商务礼仪教程[M].北京:中国人民大学出版社,2005.
[11] 李惠中.现代礼仪讲座[M].北京:中国商业出版社,2002.
[12] 吴雨潼.职业形象设计与训练[M].3版.大连:大连理工大学出版社,2008.
[13] 季辉.商务礼仪[M].重庆:重庆大学出版社,2008.
[14] 何浩然.中外礼仪[M].3版.大连:东北财经大学出版社,2006.
[15] 方尤瑜,任曼.现代秘书交际礼仪[M].广州:暨南大学出版社,2007.
[16] 喻培元.会展礼仪[M].北京:旅游教育出版社,2007.
[17] 赵景卓.商务礼仪[M].北京:中国财政经济出版社,2008.
[18] 付红梅.现代礼仪大全[M].北京:中国华侨出版社,2008.
[19] 广宇.现代礼仪全集[M].北京:地震出版社,2007.
[20] 李兴国.社交礼仪[M].北京:高等教育出版社,2006.
[21] 杜创国.现代公关礼仪[M].天津:天津大学出版社,2009.
[21] 赵景卓.现代服务礼仪[M].北京:中国物资出版社,2007.
[22] 金正昆.公关礼仪[M].北京:北京大学出版社,2005.
[23] 张宇,艾天姿.国际商务礼仪英文教程[M].北京:北京大学出版社,2010.
[24] 方尤瑜.秘书礼仪[M].2版.北京:中国人民大学出版社,2011.
[25] 许湘岳,蒋璟萍,费秋萍.礼仪训练教程[M].北京:人民出版社,2012.
[26] 蔡晓红.礼仪与沟通[M].北京:机械工业出版社,2009.
[27] 李娌.社交礼仪[M].2版.北京:中国人民大学出版社,2018.
[28] 李丽霞.商务社交礼仪[M].北京:机械工业出版社,2017.
[29] 王玉苓.商务礼仪:案例与实践[M].北京:人民邮电出版社,2018.
[30] 孙金明,刘繁荣,王春凤.商务礼仪实务[M].北京:人民邮电出版社,2019.